KB197622

터틀넥프레스
사 업 일 기 BEGINS

TURTLENECK PRESS

TURTLENECK PRESS

TURTLENECK BEGINS

작은 브랜드 터틀넥프레스의 엉금엉금 창업기

TURTLENECK
But it's OK!

무른 것이 처음의 나를

사 업 일 기

김 보 희

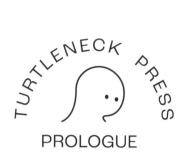

PROLOGUE

『터틀넥프레스 사업일기 : BEGINS』는 터틀넥프레스라는 1인 출판사이자 스몰브랜드의 시작부터 15개월 동안의 기록을 담고 있습니다. 이 기록을 쌓아온 저는 21년 차 출판 편집자이자, 19년간의 회사 생활을 마치고 처음 사업을 시작한 터틀넥프레스 대표입니다.

터틀넥프레스를 준비하는 동안 '사업'이나 '창업'이라는 단어가 낯설고 두려워서 "브랜드를 만들고 있어요"라는 말로 피하고 있다는 걸 깨달은 후, 저 자신이 지금 무슨 일을 하고 있고 무얼 해야 하는지 똑바로 바라보기 위해 군이 '사업'이라는 이름을 붙여 일기를 쓰기 시작했습니다. 이 일기에는 사업을 하고, 브랜드를 운영하는 사람으로서 생각하고 느낀 것, 경험한 것, 배운 것, 실수한 것 등을 기록했습니다. 업무일지로 활용하기도 했고요. 『터틀넥프레스 사업일기 : BEGINS』는 그 일기를 기본 뼈대로 다양한 기록을 정리한 결과물입니다. 제목만 '일기'인

것이 아니라, 진짜 일기를 옮겨왔어요. 때문에 거친 문장도 크게 손대지 않았습니다. 일기를 쓸 때의 생생함을 그대로 전하고 싶었습니다.

이 기록을 출간하기로 결심하기까지 책의 존재 이유에 대해 스스로 여러 차례 묻고 답해봤습니다. 작고 작은 브랜드인 터틀넥프레스의 이야기가 누군가에게 도움이 될지 의문이었거든요. 그런데 바로 그게 이 책이 존재해야 할 이유였습니다.

"우리에게는 큰 목소리도, 작은 목소리도 필요합니다. 우리에게는 큰 이야기도, 작은 이야기도 필요합니다."

장은교, 『인터뷰하는 법』

한 번도 회사를 떠나 일해본 적 없는 평범한 사람이 불안과 불확실함 속에서 고군분투하며, 그럼에도 자기 목소리를 담은 브랜드를 시작한 이야기.

느리더라도 어떻게든 원하는 방향으로 엉금엉금 걸어 나아가는 이야기. 그런 이야기도 필요하지 않을까, 하고 용기를 냈습니다. 부디 그 마음이 전해지기를 바랍니다.

이 글을 쓰고 있는 현재(2024년 12월 기준), 터틀넥프레스는 2년 차 출판사가 되었습니다. 『기획하는 일, 만드는 일』(장수연 지음), 『오늘도 우리는 나선으로 걷는다』(한수희 지음), 『에디토리얼 씽킹』(최혜진 지음), 『인터뷰하는 법』(장은교 지음)까지 4권의 책을 출간했고요. 뉴스레터 <거북목편지>도 매주 발행하고 있어요. 북토크와 전시, 각종 행사도 치렀습니다. 하지만 저는 여전히 매일 새로 배우고 경험하고 또 실수하고 반성합니다. 그리고 여전히 매일 사업일기를 씁니다. 터틀넥프레스의 사무실인 저희 집 거실 테이블에 앉아서요.

오늘은 프롤로그를 쓰는 게 힘들었다는 일기를 쓸 겁니다. 그 일기는 『터틀넥프레스 사업일기2』에

실릴 거예요. 매년 '사업일기'를 책으로 묶어 기록하고 싶습니다. 터틀넥프레스의 여정을 꾸준히 공유하려면 생존이 전제가 되어야 하므로, 또 한 해를 잘 살아내야겠습니다. 이 글은 앞으로 출간할 사업일기에 대한 이른 예고이자, 터틀넥프레스를 성실히 운영하겠다는 포부를 담은 선언이기도 합니다.

TURTLENECK BEGINS

일러두기

· 모든 일기는 '터틀넥프레스 사업일기'라고 이름 붙인 노트에 쓴 일기를 기본
뼈대로 했습니다. 그 밖에도 5년 다이어리, 모닝페이지 노트, 휴대폰 메모장과
사진첩, Daygram이라는 순간 기록 앱, 인스타그램, 매일 한 일을 기록하는
스프레드시트, 카톡과 이메일 등에서 발췌했습니다.

· 일기 글은 문장이 거칠어도 크게 수정하지 않았고, 입말 등을 그대로
살렸습니다.

· 💬 일기 뒤에 덧붙인 글은 현재 시점에서 쓴 코멘트입니다.

· 이름 뒤에 붙이는 '-님'은 띄어쓰기 없이 사용했습니다.

· 터틀넥프레스 BI부터 책 디자인까지 함께 작업해온 '스튜디오 고민'은 줄여서
'스고님'이라고 부르거나 '실장님'이라고 썼습니다.

· '자기만의 방'은 마지막으로 다닌 출판사에서 론칭한 시리즈 브랜드
이름입니다. 줄여서 '자방'이라고도 합니다. 일기에 자주 등장하는 민선배님,
현님, 령님은 그 브랜드에서 함께 일했던 동료들입니다. 이들을 '자방이'라고도
부릅니다.

· 이시우 씨는 남편입니다.

터틀넥프레스 사업일기
2022년 10월~2023년 12월

목차

사업일기 이전의 이야기 (~2022년 9월)

• 2022년 봄, 6년간 다녔던 출판사를 졸업(퇴사)했습니다. 독립이 목적은 아니었습니다. 론칭했던 브랜드에서 내가 할 수 있는 만큼 다 했다는 생각이 들었습니다. 몸도 마음도 지쳤고, 특히나 몸은 최악의 상태였습니다. 쉼이 필요했습니다. 그리고 회사의 사이클대로 따라가던 시간을 스스로 꾸린다면 어떨지 궁금하기도 했습니다.

• 19년간 회사에 소속해 일했기에 프리워커로의 삶이 상상되지 않았습니다. 무엇보다 매달 들어오던 월급이 사라지니 불안했습니다. 도토리 모으듯 다양한 일을 하며 돈을 모았습니다. 그렇게 번 돈은 사업자통장으로 옮겨 브랜드를 준비하고 책 만드는 데에 썼습니다.

• 이 무렵 <오디세희 항해일지>라는 폐쇄적인 뉴스레터를 발행하기도 했습니다. 새로운 행보를 응원해주던 소수의 친구와 동료들에게만 보내는 편지로 프리워커로서의 좌충우돌 일상, 브랜드 준비과정 등을 공유했어요. 어디에도 소속되지 않았다는 게 불안한 초보 프리워커의 울타리 같은 것이었습니다.

• 터틀넥프레스는 함께 배우고 싶은 것을 책으로 만드는 출판사입니다. 때문에 '함께 배움'이라는 키워드는 터틀넥프레스의 핵심이라고 할 수 있어요. 이는 출판사 이름을 결심하기 훨씬 전부터 정해둔 것이었습니다.

• '터틀넥프레스'라는 이름은 우연히 찾았습니다. 한수희 작가님, 민선배님과 함께한 저녁 자리에서 농담처럼 주고받았던 이야기가 시작이었습니다. 한수희 작가님이 '커피스테인(coffee stain)'이라는 이름의 독립영화제작사가 있다고 말씀해주셨습니다. (후에 찾아보니 스웨덴의 게임개발사이자 출판사더라고요.) 테

이블 위의 커피 자국. 수많은 회의를 하는 자신들의 정체성을 이름에 담은 거라고 하더라고요. 책 만드는 사람들은 어떻게 표현할 수 있을까? 돌아가며 이런저런 얘길 꺼냈어요. 척추측만, 디스크, 거북목… 거북목? 터틀…넥? 하하하 이상한데 재밌고 독특하다. 그렇게 농담처럼 등장한 이름이었어요. 당연히 당시에는 출판사 이름으로 생각도 하지 않았습니다. 그런데 몇 달간 수백 가지 이름을 고민했는데도 더 나은 걸 찾기 어려웠어요. 주변에 의견을 구했을 때는 반응이 좋지 않았습니다. 낯설다, 외우기 어렵다, 이상하다…. 저조차도 확신이 안 서더라고요. 그럼에도 '터틀넥'을 대체할 만한 이름은 없었습니다. 결국 결심했고, 매일 거북이가 헤엄치는 영상을 보며 터틀넥과 친해지려 애썼습니다. 2022년 가을은 이름을 결심한 지 얼마 되지 않았을 때였어요.

• 2022년 10월 5일, 불현듯 일기를 써야겠다고 마음먹었습니다. 첫 일기는 휴대폰 메모장에 썼습니다.

2022

4분기

나, 바닥을 찍은 거 같은데?

주요 사건

- 사업일기 쓰기 시작
- 고객 프로파일링
- 브랜드 스토리 작성
- 브랜드 세계관 완료
- BI 디자인 의뢰

10월 05일 수요일

이 일기도 얼마나 쓸지 모르겠지만, 나중에 보니 이렇게라도 써두는 게 몇 줄이라도 남더라. 점심 약속이 있어서 서교동에 다녀왔다. 요즘 그 동네에 갈 때면 이상한 감정이 든다. 누구와도 마주치고 싶지 않다. 마치 오래전, 수능을 망치고 어설프게 아는 친구들, 그러니까 스몰 토크밖에 할 수 없는 친구들을 마주치고 싶지 않아 피하곤 했던 기억과 비슷하다. "잘 지내?"라는 말에 뭐라고 답해야 할지 모르겠다. '퇴사한 자유인'은 더 설명하지 않아도 될 것 같은데, '독립 후 창업 준비중'이라는 말은 어딘가 설명이 필요하다. 그런데, 지금은 설명할 말이 없다.

10월 7일 금요일

일주일 전부터였나. 기분이 바닥을 맴돌았다. 회사를 떠나면 자유롭게 살 줄 알았는데 지금 자유로운지 잘 모르겠다. '자유'는 뭘까.

자유: 외부적인 구속이나 무엇에 얽매이지 아니하고 자기 마음대로 할 수 있는 상태_표준국어대사전

"외부적인 구속"이 회사인 줄 알았는데, 아니다. 돈, 기대, 평가, 관행…이 나를 구속하고 있다. 사전에서 "얽매이지 아니하고"라고 정의한 게 눈에 띈다. 휘둘리지 않고, 신경 쓰지 않고, 연연하지 않고 등의 다른 표현도 있었을 텐데.

얽매이다: (사람이 일에) 구속되어 부자유스럽다_고려대한국어사전

결국 자유롭다는 건 얽매이지 않고 내부(내 마음)

와 어긋남이 없는 것을 선택하고 행동하는 것 아닐까. '외부적인 구속'뿐 아니라 '내부적인 구속'에 얽매이지 않는 것도 자유다. 그런 면에서 고려대한국어사전의 의미가 좀 더 와닿는다.

> 자유:남에게 구속을 받거나 무엇에 얽매이지 않고 자기 뜻에 따라 행동하는 것_고려대한국어사전

'자기 뜻에 따라'라는 대목에서 선택과 결정의 '주체'가 '나'라는 게 느껴진다. 완벽히 자유로운 상태는 어렵겠지만, 얽매임 없이 내 뜻대로 행동하는 것, 그 방향을 향해 가는 건 가능하지 않을까.

10월 10일 월요일

자꾸 실패할 것을 먼저 생각한다. 아니, 실패할 것이라기보다 '이 브랜드가 멋진 게 아니면 어쩌지?'라고 생각하는 것 같다. 그런데 말이지, 그런 걸 만들고 싶었던 거야? 멋져 보이는 거? 세상에 없는 거? 그런 거 아니었잖아.

대단한 브랜드를 만든다기보다, 이 과정에서 내가 더 주체적으로 움직이면 좋겠다. 회사 시스템 밖에서 움직여본 적이 없어서 어떻게 해야 하는지 어리둥절하고 있는 듯하다. 아주 작게 한 발, 한 발, 겨우 움직이는 듯하다. 직선으로 척척 걸어갈 수는 없어도, 비록 나선으로 빙글빙글 돌더라도, 계속 움직이면 좋겠다. 뭐라도 하자, 그런 마음으로.

10월 11일 화요일

'함께 배움'을 어떻게 구현할 것인가. 일단 여러 커뮤니티 서비스에 대해 알아보기로 했다. 내가 아무것도 안 하면, 아무 일도 안 생긴다. 근데… 아무 일도 안 생기는 게 더 좋은 건가?

10월 12일 수요일

비염 때문에 힘들었는데, 미루고 미루던 이비인후과에 다녀왔다. '내 몸 하나 못 챙기면서 무슨 사업을 하겠다고!'라는 호통이 내 안에서 들려왔다. 나, 이 상황을 받아들인 건가? 그래. 내가 지금 하는 거 사업 맞고, 창업 맞고, 1인 출판 맞다.

10월 13일 목요일

생리통이 있는 아침이었다. 극심한 통증을 느끼면서도 다행이라는 생각이 먼저 들었다. 더 눕고 싶고 더 자고 싶었는데, 아무것도 하기 싫었는데 이유가 생긴 거다. 진통제를 먹고 한숨 더 잤다. 눈을 뜨니 통증은 사라졌지만 일어나지 못했다. 그대로 누워서 다시 잠을 청하고, 청하고, 그래도 잠이 안 오면 네이버 뉴스를 보다가 새로고침해도 올 게 없는 이메일을 확인하고, 그래도 누워서 할 게 없어서 인스타그램을 열었다. 요즘은 되도록 보지 않았는데 결국 열었던 거다.

이른 아침부터 러닝을 한 친구, 2시간 전에 산 정상에 오른 친구, 어마한 필라테스 동작을 취하고 있는 친구… 그리고, 그 사진들을 침대에 누워 멍하니 보고 있는 나. 순간 '나, 지금 뭐 하고 있는 거야? 아무것도 해보지 않고 실패한 사람처럼 누워 있는 거야?' 그런 생각이 들었다.

움직이는 사람들을 보고 있으니 나도 몸을 움

직이고 싶었다. 튕겨오르듯 침대에서 일어나 어제 책상 위에 던져둔 우편물을 모두 뜯었다. 택배 박스도 열었다. 배송 온 아몬드를 밀폐용기에 채워넣으며 한 움큼 입에 넣고 우적우적 씹었다. 설거지를 했다. 쌀을 씻어 밥을 안쳤다. 사과를 닦았다. 혼잣말로 중얼거렸다.

"지금 무슨 일이 생긴 것도 아니잖아. 내가 선택한 건데, 왜 그렇게 괴로워해. 그래 괴로울 수 있어. 두렵고 힘들 수 있어. 그게 당연해. 내가 알아. 너 잘해왔고, 제법 잘해. 그러니 일단 해보자. 그렇게 해보고도 실패하면, 잘 안되면 그때 누워서 괴로워하자."

이 모든 일을 해치우고 나를 먹일 빵과 치즈, 우유까지 챙겨서 책상에 앉는 데에 30분 정도 걸렸다. 아, 나 방금 바닥을 치고 올라온 거 같은데?

미리 괴로워하고 갈팡질팡할 시간에 나를 일으켜 밖으로 나가야겠다. 일단 해보자. 아직 아무것도 해보지 않았다는 걸 잊지 말자.

10월 15일 토요일

눈 뜨자마자 어제에 이어 북클럽과 커뮤니티 조사를 시작했다. 자기만의 방 때 독자들과 커뮤니티를 꾸리고 싶다 생각만 했지, 바빠서 정작 못 들여다봤는데 다들 어마어마하게 하고 있었다. 같은 북클럽을 할 건 아니지만, 범접하기 어려운 북클럽의 혜택들을 보며 주눅들었다. 이게 너무 다른 게임인 거다. 그들은 대기업. 책이 몇만 종. 매출이 몇백 억. 사실 비교하는 것 자체가 말도 안 된다. 그렇다면 1인 출판사, 독립 출판사인 나는 무얼 할 수 있을까를 생각하게 된다. 우린 이 대기업이 못하는 무엇을 할 수 있을까. 이른 아침부터 일하고 있는데, 안 힘들고 재밌다. 움직이는 게 답이다.

밤 11시. 한 가닥 희망을 찾은 듯하다. 이렇게 또 빛이 보이는 듯하다가 다시 고비가 나타나겠지.

10월 17일 월요일

민선배님 도움으로『팬을 만드는 마케팅』을 참고해 브랜드에 대한 생각을 정리했다.

[터틀넥프레스 브랜드 스토리]

업의 본질

- (우리가 궁금한 것들을 책으로 만들고 함께 배움으로써) 함께 성장하며 살아간다

브랜드 고객

- 책을 좋아하고, 책으로 문제를 해결하는 일이 더 편리한 사람
- 창조하는 사람이라고 불리는 건 좀 민망하지만, 나를 표현하는 일을 좋아하는 사람
- 그래서 최소한 일기라도 쓰려고 노력하는 사람
- 변화하는 시대와 환경의 중심에 서 있고, 그 안에서 성장하고 인정받기를 바라지만, 그런 한편 조금

천천히 느긋하게 살아도 괜찮지 않나 고개를 갸웃거리는 사람

• 나를 위해 사는 것이 익숙하지 않지만, 그래도 방법을 찾아 시도해보고 있는 사람

• 현재를 잘 사는 법을 찾고자 하고, 그 지혜를 구하고, 스스로도 궁리하는 사람

• 좋아하는 것을 좋아하는 일을 좋아한다는 걸 알게 된 사람

• 늘 아무것도 안 하고 쉬고 싶다고 말하지만 작은 변화들에 호기심이 많아서 저절로 발길이 옮겨지는 사람

• 그래서, 성향과 생각과 태도가 맞는 사람들의 이야기가 궁금한 사람

• 하늘의 구름, 노을 드는 시간의 빛, 바다의 압도 같은 자연의 아름다움이 자신에게 거는 말들을 들으려 하는 사람

• 독립적인 인간이길 원하고, 일도 관계도 그러하길 바라지만, 진정한 독립이란 기꺼이 누군가와 함께할

수 있는 것임을 느끼기 시작한 사람

• 그래서, 마음이 맞는 사람들과 연결되기를 바라고,
거기서 얻는 유대감을 소중히 여기는 사람

• 그래서, 함께 배우는 사람

브랜드 네임

터틀넥프레스 TURTLENECK PRESS

브랜드 세계관

책 때문에 거북목이 된 사람들(의 모임). 바다를 잃고
떠도는 유랑민들. 바다로 돌아가기를 꿈꾼다. 거북
목을 숨기고 살기 때문에 안전한 곳이 아니면 자신
을 드러내기를 꺼린다. 조용한 카페에 주로 출몰하
며, 책을 읽는 동족을 마주치면 마음속으로만 인사
하는 습관이 있다. 스스로 창조적이라고 생각하진 않
지만 남들의 눈에는 창의적이고 재주가 많은 종족이
며, 그 증거로 무엇이든 쓰거나 그려서 표현하는 습
성이 있다. 마음이 맞는 사람들과 함께 배우는 일을

좋아하지만 어딘가에 소속되는 것은 싫은 그들이 책이라는 프로젝트를 통해 만나고 헤어지는 유랑 마을이 터틀넥 클럽.

브랜드 태그라인

1. 거북목이지만 괜찮아

2. 함께 배우는 사람들

브랜드 미션

책을 좋아하는 사람들이 배우고 표현하고 창조하는 일을 돕는다.

브랜드 비전

함께 배우고 서로 돕는 우리들의 바다

브랜드 약속

늘 호기심을 갖고 세상을 보겠습니다.

우리가 함께 배우고 싶은 것들을 책으로 만들겠습

니다.

정직하게, 진실되게 만들겠습니다.

함께할수록 재미있는 일들, 열심히 찾겠습니다.

마음놓고 안전하게 함께하는 시간과 공간이 되겠습니다.

10월 19일 수요일

브랜드 스토리를 거듭해 읽어본다. 괜찮을까…? 한없이 부족해 보인다. 나를 믿으면서, 한편 나에게 큰 기대를 하지 않는 것(그래야 부담이 덜하니까). 참 어렵다.

10월 20일 목요일

처음으로 밑미 리추얼메이커 밋업에 갔다. 퇴사부터 독립까지 용기를 준 융님과 브랜드 준비하며 읽은 책들을 쓴 롤리님(『행복을 파는 브랜드, 오롤리데이』), 키미님(『오늘부터 나는 브랜드가 되기로 했다』), 인성님(『마케터의 일』)과 같은 테이블에 앉게 되었다.

근황 토크가 시작되었고, 어느새 내 차례. 자기만의 방 브랜드를 알고 있고 좋아해주신 분들인 터라 그곳을 떠나 어떤 브랜드를 준비 중인지 궁금해하셨다. 횡설수설 제대로 답하지 못하는 나. 정리해둔 브랜드 스토리가 있었지만, 미완성이고 부족하다는 생각에 머뭇거렸다. 그때 융님이 부드럽게 부추기며 응원해주었다. 한번, 얘기해보라고. 무슨 용기가 생겼던 걸까. 그날 처음 만나는 분들이었지만 융-롤리-키미-인성 님처럼 전문가들에게 피드백 받을 기회가 또 언제 있을까 싶었다.

더듬더듬 정리한 걸 읽기 시작했는데… 말을 시작하고 나니 이상하게 마음이 더 편해지고 용기가 생겼다. 오랫동안 노트북 안에 갇혀 있던 글자들을 입 밖으로 말한 것만으로도 힘이 났다. 게다가 브랜드 스토리를 다 들은 네 분이 "저도 거북목이에요! 내 얘기네." "문제가 생기면 책으로 해결하는 사람, 저예요. 저(손을 들며)." "너무 좋은데요?" 등등 피드백해주셨다. 다정하고 사려 깊은 분들의 응원을 받았다.

집으로 돌아오는 길, 구깃구깃하던 마음이 펼쳐진 것 같았다. 어쩐지, 이제, 말할 수 있을 것 같아. 아니, 막 이야기하고 자랑하고 싶어!

○ '터틀넥프레스 브랜드 스토리'를 처음 외부에 공개한 날이다. 처음 만나는 분들 앞이어서 오히려 말하는 게 더 편했던 것 같다. 이날 이후, 터틀넥프레스에 대해 내 입으로 말하기 시작했다.

10월 22일 토요일

　누구에게나 자기만의 방 이야기를 신나게 했던
것처럼, '터틀넥프레스'에 대해서도 자신감 있게 말
하자. 브랜드를 소개할 때 막히는 부분들은 오답노
트를 만들자.

10월 23일 일요일

　은님과 소하님 만남. 수다 떨다가 어느새 이야
기는 고객 조사로 이어지고 책 좋아하는 두 사람에
게 책으로 연결된 커뮤니티 경험에 대해 들었다. 고
민들을 이렇게 꺼내놓고 이야기하니 속이 시원했
다. 동료가 있다는 건 이런 거였는데. 이 브랜드가
잘되었으면 하는 두 사람의 마음이 전해졌다.

10월 25일 화요일

　　오랜만에 오전 5시 산책을 했다. 회사 다닐 때의 감각이 되살아났다. 산책에서 돌아와 스트레칭하고, 명상하고, 아침 먹고, 집을 나서 지하철 역을 향해 걸어갔었지. 출근길은 그립지 않지만, 우리 팀 네 명이 함께했던 아침들은 너무 그립다. 출근하면 민선배님이 물을 잔뜩 떠와 자리에 앉아 SCM을 확인하고, 부지런한 현님은 디카페인 커피를 한 사발 옆에 두고 이미 이메일을 쓰고 있고, 물기가 마르지 않은 머리카락으로 헐레벌떡 들어오는 령님. 아침마다 돌아가며 읽던 시. 우리의 할 일 게시판. 일 얘기를 하다가 결국 엉뚱한 이야기를 나누고 깔깔 웃고는 자리로 돌아가 시작하던 아침. 그립다.

　🗨 SCM은 주문, 판매, 재고, 장부 등을 조회하고 관리할 수 있는 프로그램. 서점별로 있다. 책의 판매 흐름을 알기 위해 매일 SCM을 확인하기 때문에 일희일비의 원천이 된다.

10월 26일 수요일

오늘 아침 〈한수희의 아침 경영수업〉 중.

수희 아무튼 터틀넥프레스호의 출항도 축하드립니
다. 할머니가 되어도 터틀넥프레스, 너무 멋질 것 같
아요.

보희 ㅠㅠ 감사해요.

수희 터틀넥 스웨터 입고 돋보기 안경 끼고 짧은 머리
백발 되어 있을 키 큰 할머니 편집자.

보희 ㅠㅠ 와… 멋있다.

(…)

보희 작가님 저, 깊이 깊이 다녀왔는데, 아주 홀가분
하게 왔어요.

수희 어딜요.

보희 바다? ㅋㅋㅋ

수희 아ㅋㅋㅋ. 또 가게 될 거예요.

보희 ㅋㅋㅋㅋㅋㅋㅋㅋㅋㅋㅋ

수희 자만하지 말라고요.

작가님이 요즘 읽는 책들이 다 같은 말을 한다고 하셨다. "실패의 횟수가 늘어날수록 성공의 확률은 높아진다. 그것이 당연하다. 그러니까 계속 걸어야 한다." 눈물을 30개쯤 찍어 답했다.

오후에는 최혜진 작가님과 1시간쯤 통화. <오디세희 항해일지>를 보고 연락주셨다. '터틀넥프레스' 너무 좋다며 펭귄북스처럼 귀여우면서도 클래식한 느낌이라고. "정해진 거죠?" 하시는데 "95퍼센트…?"라고 또 확답을 못하는 나. "너무 좋은데요, 왜요!" 오히려 작가님이 너무 좋다고 크게 반응해주셨다.

🗨 이 무렵 한수희 작가님과 아침 카톡을 자주 주고받았다. 작가님이 사업 선배로서 불안을 다독이며 응원해주셨던 거다. 그 대화를 <한수희의 아침 경영수업>이라 불렀다.

10월 27일 목요일

turtleneckpress.com 도메인을 샀다.

10월 30일 일요일

아무것도 손에 잡히지 않아 온종일 멍하니 보냈다.

11월 7일 월요일

고객 프로파일링 인터뷰. 워킹맘 고객을 만나고 싶었는데, 은님이 후배를 소개해줬다. 육아휴직 중인 도연님과 1시간 훌쩍 넘게 이야기 나누었다. 자기 인생에 육아휴직이 있을 거라고 상상 못했다는 도연님. 휴직 기간 동안 아기를 돌보며 다들 무조건 쉬라고 하는데, 밤에 잠을 줄여서라도 내가 하고 싶은 일을 하는 잠깐의 시간이 더 좋다고 한다. 그 소중한 시간을 내어 책을 읽는 독자들을 떠올렸다. 그 귀한 시간을 함께하는 책을 떠올렸다.

11월 10일 목요일

"자기다움. 멋질 필요는 없는데 분명하고 단단해야 해요." "브랜드의 심지." 오늘 롱블랙 홍성태 작가의 인터뷰에서 밑줄. '멋지게' '색다르게'의 함정에 빠지지 말자.

지메일 개설. '터틀넥프레스'는 이미 누군가 사용하고 있어서, '터틀넥클럽'이라고 만들었다. 인스타그램 개설. 새벽 2시다.

11월 11일 금요일

퍼블리셔스 테이블 방문. 내년에 우리도 북페어에 나갈 수 있을까.(=책이 있어야 한다.) 북페어들이 이제 달리 보인다.

11월 14일 월요일

가을이 아쉬워 버스를 타고 홍대 쪽으로 나갔다. 땡스북스에 놓인 책들을 보니, 새삼 느껴진다. 터틀넥프레스의 책이 여기에 놓이면 잘 해낼 수 있을까. 두려움이 더 컸다. 그래도, 잘 만들 자신은 있다. 내가 만든 책이, 바로 거기에 놓이는 걸 계속 기억하자.

정승님을 만났다. 터틀넥 고민을 이야기하다가 또 어버버 한다. 결국 아직 무얼 하고 싶은지 잘 모르는 거다. 터틀넥프레스의 네트워크의 이유가 내 안에서 정리가 안 된 것은 아닐까. 정승님이 이것저것 인사이트가 될 만한 이야기들을 해주었다. 이렇게 힘껏 응원해주는 사람들이 있다.

또또또 읽고 있는 『유럽의 그림책 작가들에게 묻다』에서 오늘의 밑줄. "결점과 함께 일한다." 브랜드를 만드는 과정이 이렇게 나를 파고들어가는 과정일 줄은 몰랐다. 결점 많고 취약한 나를 데리고 어떻게든 조금씩 나아가고 있다.

11월 16일 수요일

아침부터 핀터레스트를 뒤졌다. 터틀넥프레스는 어떤 이미지일지 떠올려본다.

처음엔 하와이였다. 푸른 바다, 서핑, 야자수, 거북이. 그런데 타깃을 생각해보니 하와이나 일본은 아니고 유럽 어딘가 같은데. 독일이나 스페인, 벨기에도 아니고 프랑스 약간, 그리고… 영국?! 세익스피어 컴퍼니 서점?! 펭귄북스?! 그런 의식의 흐름. 또는 미국 빈티지? 최혜진 작가님과 이런 이야기로 메시지와 이미지들을 왕창 주고받았다. 작가님이 그러셨다. "히히. 터틀넥프레스 태어나서 걸음마 하는 모습 지켜보면 감격스러울 거 같아요."

💬 이날 대화를 찾아보니 최혜진 작가님께 혼자 보는 터틀넥프레스 일기를 쓰고 있다고, 나중에 튼튼한 출판사가 되면 이 일기도 책으로 내겠다 했었다. 그때 작가님은 튼튼한 출판사가 될 거라고, 불안해하지 말라며 느낌표 여러 개를 찍어주셨다.

11월 19일 토요일

한수희 작가님을 만나 곧 사라진다는 지안이네
(<나의 아저씨> 배우 이지은의 집) 다녀왔다. 산책을 마치고 맥주를 마시다가 작가님이 책 만들 돈은 있냐 물으셨다. 투자할 수도 있으니 말하라고. 감동해서 눈물을 글렁였더니 "아니, 그냥 준다는 게 아니고 투자한다고요" 하시는데, F의 감동 포인트를 모르는 T 작가님이 웃겨서 울다가 웃었다.

🗨 여기서 감동은 절대 빈말하지 않을 작가님이 터틀넥프레스에 투자할 만큼 신뢰하셨다는 부분이었다.

11월 22일 화요일

2022년 11월 22일. 줄여서 221122. 숫자도 딱 떨어지는, 참 좋아 보이는 오늘 터틀넥프레스로서 스튜디오 고민 첫 미팅. 브랜드에 대한 큰 그림들을 말씀드리고 왔다.

11월 24일 목요일

　<한수희의 아침 경영수업> 오늘은 사업의 즐거움에 대해 이야기했다. 재밌다가, 무섭다가, 롤러코스터 타는 기분과 같다는 사업. 작가님이 돈만 허튼 데 안 쓰면 망하지 않는다 하셨다. 오히려 안정적이지 않아서 뭐든 할 수 있다는, 무슨 일이 일어나도 버틸 수 있다는 힘이 조금씩 생길 거라고도 하셨다. 힘들 때마다 동쪽을 향해 '살려줘!'라고 외치라 하셔서 감동받았는데, 곰곰 생각해보니 우리 작가님 '동'인천에 살 뿐 우리집에서 서쪽에 계시네?ㅋㅋㅋ 힘차게 기합 넣고 시작했다. 뭐든 기세라고 하셨어. 기세.

11월 28일 월요일

아침에 오한과 두통으로 못 일어났다. 이시우 씨가 오전 반차 쓰라고 해서 두꺼운 이불 덮고 쿨쿨. 나 혼자 일하더라도 반차, 월차 시스템을 만들어야겠다. 반차라고 생각하고 쉬니 마음이 편하다.

○ 여전히 휴가 시스템을 못 만들었다.

11월 29일 화요일

16시간 근무. 빡셌다.

12월 3일 토요일

8억 6천만 원 사기 당하는 꿈을 꾸었다. 턱에 있던 피지를 쑤욱 빼는 꿈도 꾸었다.

12월 5일 월요일

잊고 있던 OO작가님 꿈을 꿨다.(갑자기 왜 나타난 거지?) 꿈에 문래역 근처에서 미팅이 있었다. 약속 장소에 도착하니 작가님에게서 전화가 왔다. "거기 말고, 을지로에 그러니까, @@@이 나을 것도 같고" 음, 뭐지? 싶었다. "어디든 정해주시면 이동할 게요!" 하니 전화 저편에서 울먹이는 소리가 들린다. 무슨 일이냐, 왜 그러냐 계속 물었지만 답이 없고 우는 소리만 들린다. 할 말이 없어서 "네, 우셔도 좋아요. 근데 너무 울지 않았음 좋겠어요. 작가님 힘들잖아요" 했더니 더 꺼이꺼이 울던 작가. 울음이 조금 잦아들었을 때 무슨 일인지 다시 한 번 묻자 "보희 님, 이제 회사도 그만두고 책도 못 만들잖아요! 저는 어떻게 해요!" 하고 소리친다. 그러곤 깼다. 세상에. 일기를 쓰고 있는데도 머리가 아프다. 민선배님께 말씀드리니 이런 메시지가 왔다.

"불안과 희망은 다른 색 옷을 입은 같은 사람이다."

12월 6일 화요일

5월 이후 가장 바쁜 시기 같다, 라고 하니 이시우 씨가 "아니, 계속 바빴어"란다. 나는 서울을 떠나야만, 배 타고 섬에 들어가야 한가하게 보낼 수 있는 건가. 그런가 하면 서울에서 한가해지면 어쩐지 기분이 처진다. 이제 보니 나… 직원이 쉬면 눈치 주는 악덕사장이었구나.

12월 9일 금요일

일을 많이 하는데 수입은 적고, 놀지도 못하고. 나, 뭐 하고 있는 거지?

12월 21일 수요일

"안녕하세요. 터틀넥프레스 김보희입니다." 아직… 어색하다.

12월 22일 목요일

사업계획서를 써보았다. 회사에서 매년 사업계획서를 낼 때는 5천 부, 뭐 까이꺼, 낙관했는데 혼자 한다고 생각하니 숨이 턱턱 막히고 결정을 할 수가 없다. 맙소사.

12월 25일 일요일

다시 정체되는 느낌. 불안함. 이걸 왜 시작했지, 하는 생각이 밀려온다. 책상에 앉아 다시 써내려가기 시작했다. 내가 무얼 하고 있는지.

터틀넥프레스는 책을 만듭니다. 터틀넥프레스는 배우고 싶은 것, 궁금한 것, 해결하고 싶은 문제가 생겼을 때 제일 먼저 책을 찾아보는 사람들을 위한 브랜드입니다. 터틀넥프레스는 삶과 일에 영감을 찾는 사람들을 위한 책을 만듭니다. 터틀넥프레스는 인간 세계에서 살아가기 위한 삶의 참고도서를 만듭니다. 시작할 용기를 주는 책, 배우는 기쁨을 주는 책, 연료가 되어주는 책, 오래 책장에 남아 있는 책. 그래서 방법이 필요하든 용기가 필요하든 언제든 꺼내볼 수 있는 참고도서 같은 책.

12월 26일 월요일

　오전에는 출판진흥원 사업공고를 알아보고, 오후에는 스튜디오 고민에 보낼 브랜드 소개 키노트를 만들었다. 파일명은 [해저 2만리]다.

💬 [해저 2만리] 키노트는 깊은 푸른색을 배경으로 만들었다. 마치 해저 2만리 바닷속 바다처럼. 키노트의 텍스트 내용만 가져오면 이렇다.

　우리는 때로 바다를 헤엄칩니다.
　그곳에선 나만의 템포로
　자유롭게 빠르게 어디든 갈 수 있습니다.

　갑갑한 현생을 살다가 어떤 문제에 부딪치면
　우리는 책을 찾습니다.

　알기 때문이죠.
　책을 열면 바다가 열린다는 걸요.

알기 때문이죠.

살면서 정말 알아야 했던 것들은

이 바다에서 스스로 배웠다는 걸요.

그리고 또 알기 때문이죠.

같은 바다를 헤엄치고 있다는 것만으로도

든든해지는 우리가 있다는 걸요.

책 때문에 거북목이 되어버린

우리들의 바다,

터틀넥프레스.

터틀넥프레스는 책을 좋아하는 사람,

책으로 문제를 해결하는 사람을 위한

나침반 같은 책을 만들고 싶습니다.

적절한 시기에 우리 손에 쥐어진 적절한 책은

삶의 방향을 바꿀 수 있다고 믿기 때문입니다.

터틀넥프레스는

벽에 부딪혀도 거기서 한 번 더

시작할 용기를 주는 책.

배우고 성장하는 기쁨을 얻는 책.

또 하루를 살아갈 연료가 되어주는 책.

내 삶의 참고도서들을 만들고,

함께 나누고 싶습니다.

거북목이지만 괜찮아요.

우리들이 자유로워지는 바다

터틀넥프레스.

12월 27일 화요일

스튜디오 고민에 보낼 문서를 정리했다. 아래는 스튜디오 고민에 보낸 메일을 발췌한 것.

1) [해저 2만리] PDF

첨부파일은 해저2만리 컨셉의 브랜드소개입니다.

2) 제 눈앞에 붙어 있는 브랜드 키워드

저희집 거실에 터틀넥프레스를 수식하고 싶은 단어들을 써두었어요.

방향을 찾아주는 / 배움의 즐거움을 주는 / 영감을 주는

용기를 주는 / 시도하게 하는

안전한 / 친근한 / 따뜻한

힌트를 주는 / 움직이게 하는 / 방법을 알려주는

응원해주는 / 격려하는 / 도와주는(도움이 되는)

연결되는 / 책 친구인 / 서로 돕는

믿음직한 / 신뢰 가는 / 잘 만드는

네… 욕심이 많죠?! 그래도 한 방울씩이라도 담고 싶습니다.

3) 그날 나누었던 이야기

1122 미팅 때 주고받은 이야기 중 기억 나는 것들을 적어봅니다.

• 책이 나오고 끝나는 것이 아닌, 책이 나오고 시작되는 브랜드

• "책 봤으면 한번 만나야지…"

• 심벌이나 로고의 경우, 책에 쓰이는 걸로 한정하지 않고 공간(카페, 서점 등)에도 어울릴 법한

• 트렌드에 따라 조금씩 수정해가기

• '힙'보다는 → 클래식한, 이라고 말씀드렸으나, 영하 실장님이 브랜드의 컨셉 자체가 힙하다 하심.

• '근사한'보다는 → 호감이 가는, 친근한

• 펭귄북스를 잡아먹자(?)

그리고 제가 '터틀넥프레스 세계관'을 애니메이션

장면으로 떠올렸던 걸 부끄러워 하며 (천장 보며) 말씀
드렸는데요. 아래 내용입니다.

터틀넥프레스 이미지나 톤을 잡을 때 '영국 서점'을
생각했습니다. 거기에 거북목에 안경을 쓴 거북이가
터틀넥 입고 서 있는 느낌. ㅎㅎㅎ 그 거북이가 느릿
느릿 서점을 걸어다니며 정리하다가, 터틀넥프레스
가 찍힌 책을 펼치면 바다가 펼쳐지고… 그 안에서
거북이는 자유롭게 신나게 유영합니다. 그 서점에서
는 때가 되면 세상에 고요히 살고 있는 거북목들에
게 새로운 세계의 초대장을 보내듯 책을 보냅니다.
소포에는 터틀넥프레스의 심벌이 그려진 우표가 붙
어 있고 → (장면 전환) → 곳곳의 거북목들이 그 소포
를 받습니다. 직장에서, 가게에서, 집에서, 조금 지친
모습으로요. → 그러다가 터틀넥프레스 우표를 보고
환하게 반기며 소포를 풉니다. → 책이 보이고, 그걸
들고 각자의 작은 공간 (자기 책상, 식탁, 소파)으로 가서
책을 펼치면 → 바다가 펼쳐지고 거북목들이 밝은 표

정으로 유영합니다.

🗨 몇 달간 브랜드 소개서를 만들며 세계관을 머릿속에서 애니메이션처럼 그려봤었다. 이때 지브리 스튜디오의 <폼포코 너구리 대작전>에서 영감을 많이 얻었는데, 마지막엔 <해리포터>급으로 스케일이 커져버리고 말았다.

TURTLENECK PRESS

2023

1분기

정말로 시작된 거야?

주요 사건
- BI 시안 1차 및 수정 결정
- 출판사 등록, 사업자 등록 완료
- 한국출판문화산업진흥원 <우수출판콘텐츠
  제작지원> 응모
- 스튜디오 고민 안식월과 컴백
- BI 재시안 작업 시작
- 『기획하는 일, 만드는 일』초고 입고, 수정 피드백
- 『기획하는 일, 만드는 일』디자인 의뢰

TURTLENECK

1월 2일 월요일

한 해의 마지막과 새해 첫날을 낯선 장례식장에서 보내게 될 줄은 몰랐다. 이모부의 발인 날 아침. 해가 뜨기 전 장례식장에 가기 위해 택시를 기다리는데 동쪽 끝, 바다가 있는 곳으로 추정되는 방향에서 붉은 기운이 느껴진다. 일출이라기보다 노을에 가까운 짙고 붉은빛. 이모에게 이런 아침이 자주 있었는지 여쭈니 처음이라고 했다.

누군가 돌아가셨을 때 좋은 우연이든 슬픈 우연이든 남은 사람들은 우연을 발견해내고 의미를 부여한다. 그것 또한 애도의 여러 방법일 테다. 오늘 아침 일출도 그랬다. 공업도시의 단조롭고 정 없던 건물들이 붉은빛으로 물들자 생명이 깃드는 것 같았던 장면을 보고 이모부의 마지막 인사일까, 그런 생각을 하고 말았다.

떠나는 사람은 그 순간 무얼 가지고 갈까. 어떤 순간을 기억할까. 무얼 후회할까. 나는, 어떨까. 서울에 두고 온 일들이 작게 느껴졌다.

1월 5일 목요일

"자신에겐 재능이 없다고 고통스러워하지 않았으면 좋겠습니다. 쓸모없는 재능이란 없습니다."

이민진, 《채널예스》 인터뷰

어쩌면 나의 작고 작은 재능도 쓸모 있지 않을까.

1월 7일 토요일

2022년 모닝페이지에 자주 등장했던 말은 "내 안의 '자기만의 방'을 부숴야 한다"였다. 회사에 다니던 때처럼 생각하지 않기. 관성대로 일하지 않기. 신입의 마음으로 처음부터 시작해야 한다.

1월 12일 목요일

나물을 다듬으며 생각했다. 이 회사를 내 속도에 맞춰 운영하고 싶다고. 기준을 외부에 두지 않고, 외부의 흐름에 흔들리지 않고 하고자 했던 것들을 느리더라도 하나씩 해보자고. 책 앞에서 솔직하고 성실하자고. 확실히 답이 떠오르진 않지만 마음이 좀 안정되었다. 덜 불안하고, 나 자신이 자랑스러웠다.

1월 14일 토요일

새해 첫날을 장례식장에서 맞은 후 '죽음'에 대해 자주 떠올린다. 이시우 씨에게도 자주 죽음 이야길 꺼내니 걱정되나보다. 나, 괜찮은데. 한편으로 나도 궁금했다. 왜 이렇게 죽음에 대해 자주 생각할까. 읽던 책에서 답을 찾았다.

"나는 때때로 오늘을 잘 살기 위해서 죽음을 생각한다."

장일호, 『슬픔의 방문』

1월 15일 일요일

생각해보면 책 만들기에서 내게 가장 중요했던 건 늘 사람이었다. 이 책을 누가 볼까, 이런 디자인을 좋아할까, 이렇게 만들면 더 마음에 들어할까…. 사람을 좋아하는 마음에서 출발한 것인지는 모르겠지만, 책 자체만을 생각하기보다 그걸 보고 있는 사람을 항상 함께 떠올렸다.

브랜드가 중요했던 것도 비슷한 지점에서다. 사람들, 고객들과 만나기 위해서는 브랜드가 필요했다. 그게 책 한 권, 제품 하나일 수는 없었다. 브랜딩의 목적은 어쩌면 사람들을 모으는 힘을 쌓기 위해서인지도 모른다. 우리들만의 연결, 공간, 친구들을 만드는 것.

1월 17일 화요일

신촌수제비에서 수제비와 김밥을 먹고 있을 때였다. 한겨레교육 강의 40분 전이어서 마음이 급해 이시우 씨와 대화도 없이 음식에만 집중하고 있었다. 그때 영하 실장님의 문자 메시지. 메일로 BI 시안을 보냈다고 하셨다. 너무 놀라 수제비와 혀를 같이 씹을 뻔했다. 심장이 두근두근두근. 일단 휴대폰을 테이블에 내려놓고 아무 일 없었다는 듯 다시 수제비와 김밥에 집중했다. 떨려서 메일을 열 수 없었다. 잠시 후 용기 내어 다시 휴대폰을 들고, 조용히 메일을 열었다.

〈터틀넥프레스〉의 로고 1차 시안을 보내드립니다. (…) 터틀넥프레스의 이야기를 듣고 처음 든 생각부터, 전부터 희 대표님이 출판사를 연다면 만들어드리고 싶은 분위기로 디자인하였어요. (…) 보내주신 상당히 많은 컨셉과 스토리텔링들이 있었지만, 환상의 영역보다는, (출판사의 성격이 달라질 것 같아서) 저는 희 대표님의 분위기와 그가 운영하는 터틀넥 친구들의 이야기만을 추출하였습니다.

다시 심호흡. 손가락 끝에 힘을 주어 첨부파일을 누르자마자 귀엽고 경쾌한 심벌의 등장. 이게, 우리 브랜드라고?! 믿기지 않았고, 일단 좋았다. 지금 무슨 일이 일어나는지도 모른 채 앞에 앉아 얌얌 수제비를 먹고 있는 이시우 씨에게 휴대폰을 스윽 내밀었다. 잠깐의 정적. 조금 긴장했다. "좋네!" 보자마자 기분이 좋아지는 심벌이라며 당신을 아는 디자이너여서 가능한 심벌 같다고 했다.

문득 이 심벌이라면 저 멀리까지 갈 수 있지 않을까 꿈꿔보게 된다. 심지어 해조류 브랜드도 가능하겠다. 하하. 북페어에 심벌이 붙어 있는 걸 떠올려봤다. 책 친구 하실래요? 나랑 이야기 좀 합시다. 사람들에게 말을 걸 것만 같다. 그런데… 귀여운 게 장점이자 단점인데. 뭐 귀여운 게 세상을 구한다지 않았던가! 드디어 터틀넥프레스 심벌이 생겼다.

1월 18일 수요일

샛노란 오리가 나를 졸졸 따라다니는 꿈을 꾸었다. 꿈은 자주 꾸지만, 노란 오리는 첫 등장이어서 눈뜨자마자 네이버에 검색해보니 행운과 좋은 소식을 가져다주는 꿈이라고. "두려워하지 않고, 이 단계를 마음껏 즐기고, 당신이 원하는 계획을 실행에 옮기면 됩니다"라는 마음에 쏙 드는 해몽까지 나왔다.

스튜디오 고민에 감사와 기쁨, 그리고 몇 가지 궁금증을 담아서 답장을 드렸다. 영하 실장님과 들떠서 통화한 후 인스타그램에 예고편 같은 글도 남겼다.

브랜드를 준비하고 있습니다. 응원해주고 의기투합해준 동료들 덕에 한 걸음씩 나아가고 있어요. 오늘은 중요한 결정을 했어요. 조직을 떠나 스스로 결정해야 할 상황에 놓이면 '결정'보다 '결정할 결심'부터 해야 하더라고요. 선택한 모든 걸 내가 책임져야 한다는 것이 목이 굽고 등이 굽을 만큼 무겁게 느껴질 때면 두 글자를 외칩니다.

"기세!"

진짜 소리 내서 기세! 외치고 나면, 두려움이 두근거림으로 변하곤 해요. 오늘은 기억하고 싶은 날이고, 또 응원이 필요한 날이어서 슬쩍 예고편처럼 말을 건넵니다. 천천히 준비하고 있으니, 계속 소식 전할게요. 기세!

1월 19일 목요일

바탕화면에 심벌을 띄워놓고 계속 쳐다본다.

1월 20일 금요일

스튜디오 고민에 다녀왔다. 너무 죄송하고, 죄송했다. 감사하게도 실장님이 다시 해보자고 해주셨다.

◌ BI 재작업을 부탁드린 날이었다. 터틀넥프레스가 지향하는 독자와 저자의 방향성, 앞으로 출간할 책들의 톤앤매너를 고려한 결정이었다. 아니, 큰 결심에 가까웠다. 이에 대해서는 스튜디오 고민이 《월간 디자인》 556호 특집기사 <그 디자인은 왜 탈락했을까?>에서 자세히 이야기해주셨는데, 일부를 발췌했다.

프로젝트의 초기 기획 의도

클라이언트는 브랜드 BI를 활용해 독자 중심의 출판 이벤트를 다양하게 전개하고자 했다. 브랜드를 접하는 사람들이 시각적으로 편안함을 느끼는 동시에 인터랙티브한 요소를 통해 소속감을 경험하도록 하는 데 주안점을 뒀다.

구현 과정에서 가장 크게 변한 것

거북이 캐릭터 제작 과정에서 클라이언트의 특징과 성격을 반영하는 아이디어를 도출했지만, 최종안으로 갈수록 개인적인 요소를 강조하기보다 보편적이고 심플하면서도 친근한 느낌을 주는 디자인으로 발전했다.

최종안이 선정된 이유

출판사의 콘텐츠와 자연스럽게 어우러지는 미니멀한 디자인이 최종적으로 채택됐다. 원형 타입 세팅을 사용해 시각적 안정감을 줄 뿐 아니라, 책을 통해 하나가 될 수 있다는 메시지를 담았다. 결과적으로 처음 의도한 대로 모두가 함께 나아갈 수 있는 무해하고 따뜻한 분위기의 심벌을 완성했다.

1월 21일 토요일

온통 심벌 생각이다. 불쑥불쑥 눈물이 났다. 스튜디오 고민에 죄송한 마음과 내가 제대로 방향을 잡지 못해 우왕좌왕하고 있다는 스스로에 대한 실망감, 어김없이 찾아오는 불안감. 어제도 이시우 씨 붙들고 눈물 콧물 흘렸다.

오늘 아침도 동인천 CEO 한수희 작가님의 경영수업.

수희 앞으로 10년 동안 뭘 어떻게 하느냐가 중요하겠구나. 언제 안 중요한 적이 있었는가 싶지만 일단은 하면서 만들어나가야 하는구나. 나의 10년 후의 모습을,이라는 뻔한 생각을 했습니다. (…) 생각해보니 본격적으로 쓰기 시작한 지 10년쯤 되었더라고요.《어라운드》가 10주년인 걸 보니.

보희 10주년!

수희 같으면서 새로워지는 것, 같은 채로 깊어지는 것을 생각하고 있습니다.

보희 같으면서 새로워지는 것, 같은 채로 깊어지는 것. 변화의 다른 종류다….

수희 일본 드라마 대사를 듣고 있는 거 같네요.

보희 ㅋㅋㅋ. 간바레 수희짱.

수희 아리가또.

"일단은 하면서 만들어나가는 것."

작가님과 이야기 나누고 핀터레스트에 모아둔 심벌 레퍼런스들을 다시 들여다봤다. 헷갈렸던 것 같다. 온갖 것이 뒤섞여 있다. 처음부터 다시 정리해보자.

🗨 자주 생각한다. 결국, 해나가면서 만드는 거였구나. 브랜드 준비 기간 동안 미리 해놓지 못해 걱정했던 것들, 미완성이라 생각했던 것들은 그때는 할 수 없는 것들이었다. 해나가며 알 수 있었고 해나가며 방향을 잡은 경우가 훨씬 많다.

1월 22일 일요일

"뭐든지 정성을 다해야 맛있어."

간소한 비빔국수 양념을 만들며 엄마가 말했다.

1월 24일 화요일

"어떤 일을 하든 일의 처음부터 끝까지를 경험해보는 것은 일의 주도권을 잡는 일이다. 일의 흐름을 알고, 주도권을 잡고 있어야 진짜 독립이라 할 수 있다."   우현수, 『일인 회사의 일일 생존 습관』

어쩌면 터틀넥프레스에서 내가 이뤄야 할 첫 번째 목표는 이것인지도 모르겠다. 브랜드를 멋있게 론칭하는 것이나 책을 잘 만들고 파는 것보다 먼저 할 일은 혼자서 이 회사의 일의 처음부터 끝까지를 경험해보는 것.

1월 25일 수요일

장수연 피디님 최종 원고가 들어왔다. 피드백과 수정 과정이 남았지만, 본격 책이 시작되는 기분이다. 얼떨떨하다.

🗨 첫 책 『기획하는 일, 만드는 일』의 초고였다.

1월 28일 토요일

민선배님, 령님과 이야기 나누다가 '꾸준히 자라는 어른들'이라는 키워드를 손에 쥐었다. 얼마 전 은님이 『인생은 이상하게 흐른다』의 한 구절을 메모한 것을 보았는데, 마음에서 떠나지 않았다. 그 얘길 꺼내니 모두가 대공감. 령님이 줄여서 '꾸/자/어'라고 이름 붙여준, 우리 고객들의 지향점이자 태도. 집에 돌아와 이제까지 고민한 메모들을 보니 그걸 중심으로 맴돌고 있었다. 그러다가 세계관 만들기에 꽂혀 싹 까먹고 있었네. 세상에.

1월 30일 월요일

출판진흥원에 〈우수출판콘텐츠 제작지원〉 문의했다. 출판사 사업자등록을 첨부해야 한다고. 사업자등록을 미룰 수 없다는 의미다. 2월 2주째쯤 공고, 3월 초까지 신청. 캘린더에 저장해두었다. 진흥원 홈페이지에 주기적으로 들어가볼 것.

스튜디오 고민에 자료를 정리해 메일로 보내드렸다. 2월부터 안식월인데 홀가분하게 못 보내드리는 것 같아서 마음이 무거웠다.

🔎 '한국출판문화산업진흥원(www.kpipa.or.kr)'을 줄여 '출판진흥원' 또는 '진흥원'이라고 부른다. 이때 알아봤던 지원사업은 현재 폐지되었고 그 밖에도 각종 출판 지원사업이 대폭 축소되었지만 지원사업 공고뿐 아니라, 출판 관련 교육, 동향이나 정보 등을 얻을 수 있어 자주 들어가본다. 진흥원이 운영하는 출판전문웹진 〈출판N〉(nzine. kpipa.or.kr)의 뉴스레터도 유용하다. 각종 출판계 소식과 함께 진흥원 소식도 전해준다.

⟲ 아래는 BI 작업을 다시 시작하기 위해 스튜디오 고민에 보낸 당시 메일에서 발췌했다. 터틀넥프레스라는 브랜드에 대해 재정리한 것이다.

실장님, 뵙고 그 후 다시 출발점으로 돌아와봤습니다. 브랜드에 대해 너무 추상적으로 설명드렸던 건 아닌지, 멋있고 재밌는 부분만 부각해 말씀드렸던 건 아닌지 돌아보고 반성했어요. 오랫동안 브랜드 고민을 하며 노트에 다 기록해두었는데, 아래의 내용들은 거기서 가져왔어요. 다시 한 번 터틀넥프레스는 어떤 브랜드가 되고 싶은지, 차근차근 적어보겠습니다.

브랜드의 고객군, 출발점
사실 브랜드의 출발점에는 '나이'가 있었습니다. 그런데 일부러 부각해 말씀드리지 않았던 것은 아시다시피 나이보다 고객의 성향, 취향, 태도 등이 더 중요하다 생각해서였어요. 하지만 돌이켜보니 빼놓을 수 없겠다 싶더라고요.

저는 새 브랜드를 만든다면 저와 같은 사람들, 친구들을 위한 책을 만들고 소통하고 싶었어요. 몇 년간 저와 다른 세대의 페르소나를 공부하며 책을 만들어 오면서 갈증을 느꼈거든요. 브랜드를 통해 말을 걸고 싶은 고객군의 마음과 마음의 흐름을 정리하니 이러했는데요.

• 내 일을 오래, 잘 하고 싶다.
• 나이 들어서도 현재를 살고 싶다. 밀려나기 싫다가 아닌, 내 나이로 '현재'에 살고 싶다.
• 여기/지금/이곳/동시대에 살고 싶다.
• 어떻게 나이 들어가야 할까, 종종 생각하곤 한다.
• 멋있게 나이 들고 싶다.

→ 이런 사람이 되려면 '계속 배워야 한다'는 결론에 도달하는 사람이 우리 고객. 그들의 특징은,

• 배우는 것을 좋아한다.

- 특히 책으로부터 배우는 것에 익숙하다.
- 알고 싶은 것, 해결하고 싶은 것, 배우고 싶은 것, 궁금한 것이 있으면 책부터 찾는다.
- 그렇다고, 책을 엄청 많이 읽은 건 아니다. 책이 좋다. 그리고 책이 익숙하고 편하다.
- 호기심이 많다. 인사이트 얻는 순간에 기쁨을 느낀다.
- 글을 쓴다. 글을 쓰고 싶다.

이번에 실장님께 다시 정리해 말씀드리기 위해 고민 고민하던 중 우리 고객군을 한마디로 정리해주는 문장을 찾았습니다.

"꾸준히 자라는 어른이 되고 싶어요. 어른도 늙는 게 아니라, 자랄 수 있다고 믿는 어른"

　　　　　　　　　박연준, 『인생은 이상하게 흐른다』

터틀넥프레스는 '꾸준히 자라는 어른이 되고 싶은 이

들'을 위한 책을 만들고 싶어요. 이들의 공통 속성은 '책'이에요. 책에서 모든 걸 배워왔거든요. 배우고 싶은 게 있을 때, 해결하고 싶은 문제가 생겨도, 알고 싶은 게 있을 때도, 그게 무엇이든 책에서 배우고 답을 찾아온 사람들입니다. 이들이 꾸준히 자라는 데에 도움이 되는 책들을 만들고, 유대하고 싶어요. 특히 '일, 삶, 앎'을 돕는 책들을 만들려고 해요.

느슨한 연대 No No, 서로 이어지는 유대감

"유대"는 "끈과 띠. 둘 이상을 서로 연결하거나 결합하게 하는 것, 또 그런 관계." "유대감"은 "서로 밀접하게 연결되어 있는 공통의 느낌." 반면, "연대"의 사전적 의미는 "여럿이 함께 무슨 일을 하거나 함께 책임을 짐"이에요. 그런데 터틀넥 종족들과 맷고픈 '함께'는 어떤 캠페인을 한다거나, 함께 책임을 지는 그런 류의 '함께'가 아니거든요. 그래서 찾은 단어는 유대, 유대감입니다. 앞으로 만날 터틀넥 종족들과 유대하고 싶어요. 유대하며 함께 배우려고 합니다.

일단 여기까지를 정리하자면

터틀넥프레스는 책을 좋아하는 사람들이 배우고 창조하는 일을 돕는 브랜드입니다.

배우고 싶은 것, 궁금한 것, 해결하고 싶은 것이 있을 때 책부터 찾는 터틀넥 종족들의 일, 삶, 앞에서 나침반이 되어줄, 참고도서로 삼을 수 있는, 힌트를 주는 책을 만듭니다.

터틀넥프레스는 꾸준히 자라는 어른이 되고 싶은 이들이 모여 유대하는 브랜드입니다.

연결되어 있는 우리는 함께 배우고, 응원하고, 서로 돕습니다. 이곳은 터틀넥 종족들에게 안전한 커뮤니티가 되기를 지향합니다.

1월 31일 화요일

윗집에서 누수가 되어 작은 방에 물이 찰랑거린다. 머릿속도 마음속도 복잡한 이때, 생애 첫 누수라니. 왜 하필 지금인가. 오후 늦게 스튜디오 고민에서 답장이 왔다. 생각하고 있던 타깃층에 차이가 있어 비주얼에서 오류가 생긴 것 같다며, 다시 보내드린 메일을 읽고 잘 이해하셨다고 했다. 방향성을 옳게 수정하고 다시 작업하면 된다는 말씀에 울컥. 죄송합니다. 제가 방향키를 잘못 잡았어요.

"저는 직업으로서 디자인을 하고 있어서 기분으로 작업을 하지는 않아요"라는 문장에 또 한 번 배웠다. 이미지 레퍼런스를 찾아봐달라고 하셨고, 2월 안식월을 보낸 후 돌아와 작업을 시작해야 하기에 일정이 늦어지는 것에 대해 우려하셨는데, 오실 때까지 기다릴 거예요. 무조건.

2월 3일 금요일

얼마 전부터 출판사 등록을 언제할까 고민했다. 터틀넥프레스가 존재하는 한 판권에 영원히 찍힐 날짜라 더 고심했다. 일단 사고의 흐름은 이랬다.

1) 짝수보다 홀수 날짜가 좋다.(내 취향)

2) 음… 그럼 손 없는 날 찾아볼까?(갑자기?)

3) 가장 가까운 손 없는 날이 토요일이네.

4) 뭘 그런 걸 따져. 결혼할 때도 안 찾아봤으면서.

5) 음… 그럼 포스텔러(운세 앱)로 그날 운세 좀 볼까?

6) 2월 3일은 금전거래를 하지 말라네. 손해, 투자, 사기… 무시무시한 단어들. 그다음 홀수 날짜는 언제지?

7) 오, 7일이네. 그럼 이날 운세는 어떠신가. "창의력이 샘솟는 날/새로운 시작/새로운 일 경험/높은 자리를 얻게/그간 준비해왔던 새로운 일을 시작하면 좋습니다."

낙점. 7일이다.

2월 6일 월요일

내일 출판사 등록을 하러 간다. 해당 관할 구청으로 가면 되고, 준비물은 1) 신분증 2) 등기부등본 3) 임대차계약서.

○ 출판사 등록은 매우 쉬운 편이다. 구청에 가서 신청서를 작성하고 준비물 세 가지를 제출하면 끝. 다만, 같은 구 내에 출판사 이름이 동일한 곳이 있다면 등록이 안 된다. '전국 출판사, 인쇄사 검색 시스템(book.mcst.go.kr)'에서 검색해보면 된다.

2월 7일 화요일

　드디어 출판사 등록. 오전에 급한 마감을 넘기고 세수만 대충 하고 이시우 씨와 구청에 갔다. 구청이 가까워질수록 멀어지고 싶은 기분. 등록을 하고 나면, 정말로 시작되어버린다는 생각에 마음이 무거웠다. 지금이라도 멈출까. 다시 생각해볼까. 내가 무슨 사업이야. 돌아갈까. 어느새 구청 앞. 번호표를 뽑고 두리번거렸다. 순서가 오지 않기를 바랐지만, 대기인원은 0명.

"터 – 틀, 넥 프레스, 이 이름이 확실하죠?"

구청 직원이 신청서를 다시 내밀며 물었다.

"네! (손으로 목을 감싸는 시늉을 하며) 터틀넥 옷, 할 때 그 터틀넥요."

"터틀넥?"

"(조금 주눅 들어서) …네!"

직원이 희미한 웃음을 띠며 모니터로 시선을 돌렸다. 키보드 두드리는 소리가 신중했다. 역시, 이름이 너무 낯선 걸까. 지금이라도 다시 생각해볼까. 그런 생각을 하는 사이, 등록 신청 절차가 끝났다. 그런데 등록만 하면 바로 등록증이 나오는 줄 알았는데 2, 3일 후에 나온다는 설명. 뭐야, 그럼 7일을 길일로 잡은 게 소용없었네?! 하하하.

종일 굶었던 터라 구청 근처에서 무언가 먹기로 했다. 오래된 구청답게 설렁탕, 칼국수, 돈가스, 백반 등등 노포 맛집이 많았는데 360도로 스캔하던 중 복국집 간판이 눈에 들어왔다. 복국집 이름은 <복 먹고 복받고>. 복이 두 개니까 터틀넥프레스에 두 배로 좋은 일이 생기지 않을까.

점심이 지난 복국집에는 우리밖에 없었다. 복국과 소주 한 병을 앞에 두고 조용히 식사를 시작했다. 자꾸만 마음이 무거워졌다. 무언가 시작할 때 가장 행복한 나인데, 뒤숭숭했다. 이제 돌이킬 수 없다. 진짜 시작인 거다. 국물만 겨우 호록호록 먹고 있는 나를 보던 이시우 씨가 내 앞의 빈 소주잔을 채워주며 말했다.

"내년 2월 7일은 창립기념일이니까 휴일로 하고, 여기 와서 1주년 기념으로 제일 비싼 코스요리 먹자. 터틀넥프레스 분명 잘될 거니까 자기가 봐."

피식. 겨우 웃음으로 답했다. 그래, 어쨌든 내년까지 살아남아보자. 아니, 내가 그렇게 만들 거다. 어떻게든 되겠지. 지금까지 그랬듯.

2월 9일 목요일

지혜님을 만났다. 만나면 늘 일 이야기를 잔뜩 나누곤 했는데, 오늘은 거의 등장하지 않았다. 대부분 죽음, 삶, 부질없는 것들에 대해 이야기했다. 지혜님이 그랬다. 아프고 나니 일은 우선순위에서 없어지더라고. 일부러도 아니고, 자연스럽게. 자꾸 잊는다. 일하기 위해 사는 게 아니다.

2월 10일 금요일

출판등록허가 문자가 왔다. 진짜로 시작하고 말았어….

집에 돌아오는 길에 장수연 피디님과 통화. 이렇게 꼼꼼한 피드백은 처음 받아봤다며 감사하다고 하셨다. 무척 기뻤다. 매일 책 만드는 일만 하면 좋겠다. 근데 또 그러면 책 만드는 일 빼고 다른 거 하고 싶겠지?

집에 오니 책상 위에 현님이 보낸 선물이 놓여 있었다. 터/틀/넥/프/레/스라고 꽝꽝 새겨진 명패다. 주문할 때 담당 직원이 이 이름이 맞냐고 두 번이나 물어봤단다. 사옥이 생기면 문 앞에 걸어놔야지. 하하.

2월 14일 화요일

출판등록증이 나왔다. 인스타 스토리에 소식을 알렸더니 세미 대표님에게서 디엠이 왔다.

"이 처절하게 행복한 길을 응원합니다."

🍃 맥파이앤타이거 김세미 대표님은 작가와 편집자로 만난 인연이었지만, 이제는 (내 마음대로) 선배 대표님으로 모시는 분이다. 대표님의 글, 맥파이앤타이거의 행보를 보는 것만으로도 마음을 다잡게 된다.

2월 15일 수요일

일어나자마자 홈택스로 사업자등록 신청했다. 출판은 면세사업자. 업태는 정보통신업, 종목은 일반 서적 출판업. 신청하고 2시간 후, 바로 발급…. 사업자 내는 거 이렇게 쉬운 거였어?

2월 16일 목요일

　꿈에 웬 남자가 총을 들고 쫓아와서 밤새 도망치느라 고생했다. 요새 악몽을 자주 꾼다.

2월 17일 금요일

　저녁에 정시우가 출판사 등록을 축하한다며 풍선 가랜드를 들고 집으로 찾아왔다. 배송된 채로 가져온 터라 다같이 풍선 불고 조립하고 난리난리. 집 안에서 뒹구는 풍선들과 시우의 허둥지둥하는 모습이 웃겨서 엄청 웃었다.

　이 시작을 제대로 기뻐하며 축하한 적이 없었다는 걸 깨달았다. 터틀넥에게 미안했다. 앞으로 축하할 일은 힘껏 축하해줄게.

　풍선 가랜드에 적인 축하 메시지는 이것이었다.

　"새로운 출발♥기세!"

2월 18일 토요일

"일을 한다는 건 디폴트는 고잉인 것 같아요."

모춘, 〈요즘사〉 인터뷰

하빈님한테 출판사 등록을 했다고 하니 이제 달리는 기차에 탄 거다, 멈출 수 없다. 아니, 뛰어내릴 수는 있는데 좀 다치겠지, 그런 말을 해줬었다. 그때 하하하 웃으며 머릿속에 떠올렸던 건… 굉장한 속도로 달리는 기차에 올라탄 톰 크루즈가 기차에 매달려가는 〈미션 임파서블〉의 한 장면, 곧 톰 형의 얼굴은 나로 바뀌고 으어어어어어 괴성을 지르며 기차에 대롱대롱 매달려 가는 모습이었다. 그땐 앞으로 정신없이 바쁠 거라는 이야기로만 들었는데, 생각해보니 이 기차, 나 혼자 움직이는 게 아니어서 멈출 수 없는 것이기도 했다. 함께하는 사람들과 함께 달리고 있으니까. 어쨌든 고잉. 고고고 가보자.

○ 하빈님은 밑미(meet me) 대표이자 사업 선배님. 얼마 전에도 하빈님을 만나 고민 상담을 했다. 1년 넘게 달리는 기차에 매달려 있느라 생각할 시간이 없었다고. 이 길로 쭉 가면 되는지, 내가 원하는 길이 맞는지, 바로 답이 안 나온다고. 멈춰 서서 공부도 하고 싶고, 생각 정리도 하고 싶은데 사업 시작하고 초기에 그건 사치인가 싶어서 앞만 보며 달리고 있다고. 하빈님 말씀이 초기니까 지금 멈춰서 짚고 넘어가는 게 맞다며, 시간이 지날수록 가속도가 붙어 더 어려울 거라고 했다. 그러고는 사실 그건 멈추는 게 아니라 더 나아가는 거라고 덧붙여 말해줬는데, 순간 혼탁했던 마음이 맑아졌다.

2월 20일 월요일

마음이 조급해질 때면 평소에 안 하던 생각들을 하게 된다. 그때 이런 선택을 했다면 달라졌을까, 물론 알고 있다. 시간을 돌려 그때로 간다고 해도 똑같은 선택을 했을 거라는 것. 이 기억을 가지고 회귀하지 않는 한 말이다.

그런데, 회귀하지 않고도 그렇게 살 수 있지 않을까. 지금의 깨달음, 그 깨달음을 가지고 미래로 가는 거다. 그러면 다시 사는 것과 같지 않을까. 다시 산다면 나는 어떻게 할까?

• 막연한 두려움 때문에 (퇴사 후) 쉬지 못하고 바로 일하지 않을 거다.

• 발 동동 구르며 두려워하기보다 틀리고 실패하더라도 일단 해볼 거다.

• 몸을 가볍게 하고 작은 것들을 툭툭 시도해보며 작은 성취감을 쌓아갈 거다.

지금의 이 말들을 가지고 미래로 가자. 다시 미래를 살아보기로 한다.

2월 22일 수요일

"브랜딩이란 조급함과 싸우는 거라는 걸 그때 배웠습니다. 실은 당연해요. 누군가의 마음속에 들어가서 나를 좋아하게 만드는 일인데 쉬울 리 없죠."

이준재(꾸까CD), 〈롱블랙〉인터뷰

그렇네. 정말 그렇네.

2월 26일 일요일

스튜디오 고민의 편지. 건강 때문에 일정보다 보름 정도 더 쉬고 복귀하신다는 연락. 부디 회복하고 오시기만을 바랄 뿐이다.

2월 한 달간 욕심을 줄이고 조급함을 다스려서인지 마음이 많이 편해진 것 같다. 역시 속도 조절이 필요하구나.

2월 28일 화요일

퇴사 후 300일이 되었다. 5년 다이어리에 적힌 작년 일기를 보니, 작년 오늘의 나는 사표 의지를 내비치기 시작했네. 이 노트에 300개의 날이 빼곡하다. 이 정도면 제법 잘해왔다. 고생했어. 애썼다.

3월 1일 수요일

휴일이 무색하게 일을 많이 했다. 출판진흥원에 제출할 『에디토리얼 씽킹』 원고 교정 보고, 힘겹게 신청서 작성하고(인증서와의 싸움), 밀린 메일들에 답하고. 와! 이 생산성 뭐지.

도서관에 책을 반납하고 이시우 씨와 걸었다. 잠깐이었지만 오늘 중 가장 행복했던 순간. 인생이 봄처럼 얼마나 짧은지 이야기 나누었다. 잊지 말자. 매일 이 순간.

3월 2일 목요일

진흥원에 『에디토리얼 씽킹』 원고를 보내려고 애쓴 하루. 출력하고, 제본하고, 호미화방에 가서 안전봉투 구입하고(이제 보니 그냥 박스에 보내면 되었을 것을), 합정 우체국까지 가서 발송했다. 제본한 원고를 꽈악 껴안고 걷는데, 나 간절하구나 싶었다. 집에 돌아와 녹아내리듯 잠들었다.

3월 4일 토요일

그저 사업자를 내는 과정밖에 겪지 않았는데 '사업', '창업'이라는 단어가 다르게 다가온다. 브랜드를 만들고 사업이라는 걸 해나가는 사람들이 이전과는 다르게 보인다.

3월 6일 월요일

　수원 백년서점 방문. 백년서점은 서평화, 뇨끼 작가님이 '공간'으로 변신하면 이런 모습이겠구나… 할 정도로 두 분을 닮아 있었다. 서점 안쪽 작업 공간도 구경했는데, 평화 작가님이 손바느질로 만든 인형이 눈에 띄었다. 귀여워요, 귀여워요, 백만 번 말하고 온 듯. 버드나무가 한가하게 흔들리는 카페에서 산책하듯 이야기 나누었다.

　🗨 이때 눈여겨본 서평화 작가님의 인형 만드는 솜씨를 떠올리고는 터틀넥프레스 심벌을 인형으로 만들어달라고 부탁드렸다. 훗날 '엉금이'라는 이름으로 불리게 된, 바로 그 인형이다.

3월 10일 금요일

『첫 책 만드는 법』 드디어 초고를 유유에 넘겼다!

🗨 저의 첫 책. 계약한 지 4년 만에 탈고했다.

3월 11일 토요일

부산 여행. 노트북 없이 온전히 놀기로 했다.

🗨 2박 3일간 16끼를 먹으며 먹고 놀자를 실천했던 여행. 노트북 없이 떠나도 괜찮을지 마지막까지 불안해했지만, 필요할 일이 전혀 없었다. 지금도 노트북을 거북이 등껍질처럼 늘 매고 다닌다. 한 번도 열어볼 일이 없는 날이 더 많다는 걸 알면서도 그저 안심하려고. 노트북 무게만큼의 불안감이 늘 함께 있는 거다.

3월 14일 화요일

이룰님과 이야기 나누다가 프리워커 초보라서 일의 우선순위를 어떻게 잡아야 할지 모르겠다고 하소연했다. 그러자 이룰님이 하는 말. "우선순위를 잡는다는 건 결국 다 한다는 거예요. 선택과 집중은 '가지치기'를 하는 거고요." 정신이 번쩍 났다. 지금, 가지치기가 필요한 거구나.

3월 15일 수요일

웅 작가님이 유어마인드에서 터틀넥프레스가 떠오르는 물건을 발견했다며 선물로 주셨다. 'mini turtle's dream'이라고 적혀 있는 미니볼. 패키지부터 독특했다. 박스에 바닷속 플라스틱 쓰레기 사이를 헤엄치는 미니 거북 이야기를 담은 소책자가 붙어 있었다. 아아, 미니볼 속에 플라스틱 쓰레기와 거북이가 들어 있나보다, 예측하고 상자를 열었는데 어라? 미니볼 속에 거북이는 없고 플라스틱 쓰레기만 있었다. "어? 전부 쓰레기였네요?!" 작가님의 그 말에 푸하하하 웃고 말았다. 그러고 보니 앞으로 거북이를 보면 사람들이 터틀넥프레스를 떠올리겠구나 싶어 기뻤다. 무언가를 보면 떠오르는 브랜드. 브랜드 이름, 어쩌면 생각보다 괜찮은지도?

🔍 브랜드 이름을 결정할 때 고려했던 것들. 1) 상징할 이모지가 있으면 좋겠다. 2) 떠오르는 구체적 사물, 생명체가 있으면 좋겠다. 터틀넥프레스는 그 기준에도 딱 맞는 이름이었다. 거북이+파도(바다)+책 이모지를 사용하고 있고, 거북이 관련 선물을 자주 받고 있으며, 사람들이 거북이나 거북목 관련 짤을 보내주기도 한다.

3월 17일 금요일

민선배님께 현재 상황을 상의드렸다. 이야기하다보니 꿈이 너무 원대했다는 걸 깨달았다. 거대한 세계관, 남들이 놀랄 만한 일, 그런 걸 나도 모르게 떠올렸던 거다. 내가 지금 당장 해야 할 일을 말씀해주셨다.

하나는, 지금 이 비즈니스 환경에 익숙해지는 것. 제작부터 출고, 유통, 서점 관리. 각각의 플레이어 네트워크를 형성하고, 익숙해지고 안정화하는 것. 결국 대표로서 업력을 키우는 것.

두 번째는, 터틀넥프레스 나름의 마케팅 방식을 만드는 것. 마케팅 도구를 사용하는 것도 익히고, 필요하면 작은 대행사들과 일해보는 경험도 쌓아볼 것. 사람들을 모아서 무언가 해나가는 것도 마케팅이니, 생각의 크기를 키울 것. 지금까지는 기획 편집 전문가였다면, 이제는 출판 전문가가 되어야 한다고 하셨다.

3월 20일 월요일

스튜디오 고민이 돌아왔다! 영하 실장님의 컴백 편지에 반가워서 울컥. 이제부터 BI 디자인을 다시 시작해야 한다. 스튜디오 고민의 안식월은 내게도 중요한 시기였다. 과열되었던 브랜드 기획을 내려놓고, 내 일의 본질과 기본을 고민할 수 있는 시간이었다.

실장님도 부담되실 텐데 차근차근 스텝을 밟아 나가자고 하셨다. 그러면서 몇 가지 요청주셨는데

- 터틀넥프레스의 업데이트된 기획
- 간략화된 스토리텔링
- 이미지 레퍼런스(로고로 국한하지 않고, 어떤 것이든)

이미지 레퍼런스가 문제. 그간 틈틈이 핀터레스트를 뒤적여봤지만 '정말 모르겠다!' 하고는 답답해하며 웹사이트를 닫아버리곤 했다. 평소에 일하다가 스트레스를 받으면 핀터레스트를 열어보며 환기

하고 해소하던 인간이 왜 이렇게 되었는가 생각해보니, 부담감 때문이었다. 마치 정답을 찾아야 할 것 같아서. 대단한 걸 발견해야 할 것 같아서. 이 꽉 막힌 상황을 어쩌나 했는데, 영하 실장님의 편지 마지막에 해결책이 있었다.

"저희 원래 작업하던 것처럼 간편하게 작업을 진행하고 싶은 마음이에요!"

간편하게, 간편하게. 맞다. 우리 그렇게 작업해왔는데. 경쾌한 바람이 부는 것처럼. 그렇다고 가볍게 '대충 이쯤이면'이 아니라, 나 자신은 물론이고 서로의 직관과 실력을 믿고. 기세 있게 진행해왔던 게 우리 작업의 고유한 호흡이었는데, 페이스를 잃었다. '간편하게'를 손에 쥐고 다시 핀터레스트를 뒤지기 시작했다. 여전히 마음에 드는 이미지에 핀을 꽂는 게 쉽지 않지만, 나를 좀 더 믿고 자신감 있게.

3월 21일 화요일

맥파이앤타이거 세미 대표님이 새로 출시하는 차를 보내주셨다. 제작 과정에서 시행착오가 많아 '겸손하게 만들어준 티백'이라고 소개해주셨던 터라 더 궁금했었다. 티백을 컵에 퐁당퐁당 적시며 동봉되어 있던 편지를 읽었다.

"새로운 제품을 출시할 때마다 조금씩 겸손해집니다. 세상 모든 물건들이 이런 과정을 거쳐서 나온다는 걸, 저는 조금 늦게 알게 된 것 같습니다.
소비자는 늘 현명하고 때때로 무심합니다. 좋은 파트너를 만나는 일. 좋은 원료를 찾는 일. 좋아 보이도록 만드는 일. 그리고 이 모든 것을 꾸준하게 하는 힘. 모두 다른 영역의 일이고, 다 맞아떨어져야 했습니다. 어렵다고 하면 어려운 일이지만, 이것만 잘하면 된다는 말 같기도 하고 여전히 아리송합니다.
2019년 엘리베이터도 없는 4층의 작은 사무실에서 태어난 맥파이앤타이거는 이런 상상을 했습니다. 언젠가 공장에서 왕창 재고를 만들어볼 날이 왔으면 좋겠다고요! 너무 작고 귀여운 상상이지요. 그날이 3년이 지나서야 온 것 같습니다. 저희 팀은 이제 더 큰 꿈을 꾸고 있습니다. 언젠가 그날이 오면 또다시 편지 드리겠습니다.

맥파이앤타이거의 오늘을 함께 만들어주시고, 응원해주셔서 감사합니다. 조건 없는 애정은 아이에게만 필요한 게 아니더라고요. :)

앞으로도 많은 사랑을 부탁드리며, 김세미 드림"

엘리베이터도 없는 4층 사무실에서 꾼 꿈이 3년 후 이렇게 도착했다. 생략되어 있는 지난 3년간의 시간이 느껴졌다. 집 거실에 놓인 내 책상에서 터틀넥프레스가 꾸는 꿈은 어떤 모습으로 3년 후, 5년 후에 닿을까.

3월 22일 수요일

아래는 스튜디오 고민에 보낸 편지.

실장님! 지난번 편지에 말씀드린 것처럼, 간편하게-
상쾌하게- 욕심을 내려놓고 냉정하게 생각해보니,
지금 갓 발걸음을 떼는 터틀넥프레스는 휴머니스트
의 시리즈 브랜드인 자기만의 방과는 처지가 다르
더라고요.

1. 자기 이름을 알리고
2. 자기 개성을 표현하고

뭔가 특별한 세계관을 표현하거나, 한 사람의 편집
자를 드러내는 것보다 '터틀넥프레스'라는 곳이 있
다는 걸 인식시키는 게 가장 중요한 게 아닌가 싶었
어요. 그래서 초점을 좁혀보면 어떨까 생각해보았습
니다. 영문으로

TURTLE

NECK

PRESS

혹은 한글로

터틀넥

프레스

또는 터틀넥프레스

라는 글자를 우리답게 표현하는 로고,

그것과 적절하게 결합할 수 있는 거북이 이미지의

심벌. 그걸 표현하는 것 자체가 목표가 아닌가 생각

했어요.

클래식한 심벌마크+로고타입의 결합 형태일 수도

있고, 로고 레터마크로만 표현하는데 글자 일부가

거북이 형상을 띨 수도 있고, 심벌이 명확해서 거기

에 글자가 간결하게 결합할 수도 있고. 크리에이티브에 따라 그 어느 것이 되건 상관은 없지만, 요점은 거북이 이미지와 브랜드 이름을 표현하는 것, 따뜻하고 친근한 이미지로 전달되는 것, 그것이 출발하는 단계의 터틀넥프레스에 필요한 BI가 아닐까 생각해보았습니다.

혹여 다른 모티브가 필요하다면, 책을 좋아하고 배우는 걸 좋아하는 거북이이므로 '책' 그리고 '바다, 파도' 같은 것은 어떨지 생각해봤고요.

핀터레스트를 돌아다니며, 샘플을 첨부하는 것이 실장님을 돕는 일일지 혼란하게 하는 일일지 고민하다가 역시 간편하게 상쾌하게 생각하기로 하고 이것저것 담아봤습니다. 역시 어쩌다 보니 개(dog)가 많습니다.

3월 22일 수요일

"자립이란 수많은 의존처를 확보한 상태를 가리킨다."

김세미 대표님 인스타그램

3월 23일 목요일

푸른숲 문창운 팀장님과 점심. 모르는 게 많아서 여쭈고픈 게 많았는데, 아직 무엇이 궁금한지도 모르는 상태라는 걸 알았다. 더 공부하고 경험해야 한다. 무엇이든 물어보고 도움을 청하라 하셔서 든든한 마음으로 돌아왔다.

3월 24일 금요일

"건강하게 의존하는 법을 배워가고 있어요."

한수희 작가님과의 대화

며칠 전 김세미 대표님의 글과 포개어졌다. '의존.' 나와 그다지 친하지 않은 단어, 낯선 단어라고 생각했다. 도움을 청하고, 묻고, 의지하고, 기대는 게 쉽지 않다. 말을 꺼내려다가도 폐를 끼칠까 싶어 꼴깍 말을 삼키기도 여러 번. 그런데 '건강한' 의존이라니, 해보고 싶어졌다. 건강한 의존.

3월 27일 월요일

　스튜디오 고민의 답장. 4월 5일까지 시안을 잡아보겠다고 하셨다. 일정을 넉넉하게 잡은 것은 책과 함께 진행하며 마무리하는 일정으로 생각하셨다고. 책이라는 실체가 있으면 도움이 될 것 같다. "따뜻하고 친근한 거북이! 잘 만들어보겠습니다!"라는 씩씩한 답변에 기운이 난다. 『기획하는 일, 만드는 일』 드디어 디자인 의뢰를 드렸다.

TURTLENECK PRESS
2023

2분기

무조건, 기세다

주요 사건
- 새로운 BI 완성
- 브랜드 세계관 영상 제작
- 홈페이지 개발 시작
- 사업자통장 개설, 사업자도장 제작
- 터틀넥프레스 출판설정권계약서 완성
- 첫 계약, 첫 계약금 송금, 첫 원천세 처리
- 제작처, 물류창고 결정
- 교보문고, 예스24, 알라딘 거래 계약
- 『기획하는 일, 만드는 일』 출간
- 교보문고 구매팀 미팅
- 『오늘도 우리는 나선으로 걷는다』 재개정판 출간 결정

4월 1일 토요일

놀랍게도 이번주 약속이 10개였다. 일상적인 업무들을 해나가며 원고 마감 2건, 뉴스레터 1건 발송, 『기획하는 일, 만드는 일』 원고 수정까지. 그런데 돌이켜보니 에너지는 오히려 쌓였다. 자유롭다고 느꼈다. 모두 오롯이 내가 선택한 일들 속에 있어서였다.

오늘의 메모. 우리 고객, 페르소나를 만나는 일을 꾸준히 해야 한다. 용기와 자신감, 조언을 나누는 커뮤니티가 있음 좋겠다.

4월 2일 일요일

터틀넥프레스에서 만들어보고 싶은 책도 많아지고, 시도해보고 싶은 것들도 많아지면서 거기에는 다 돈이 필요하다는 걸 뒤늦게 깨달았다. 계산기를 두드릴 때마다 뼈 맞는 기분이다.

4월 4일 화요일

"아무것도 안 해서 아무 일도 안 일어나는 평화
도 누려보세요." "그만… 뭘 하지 마세요."

현님과 령님이 아무것도 안 해서 아무 일도 안
일어나는 '평화'라고 말하는데 낯설었다. 아무것도
안 해서 아무 일도 안 일어나면 '아무것도 아닌 날'
이라고 생각했는데, 그게 '평화'라고 부를 수 있는
것이라니. 며칠 전엔 은님이 "쉬는 거 어떻게 하는
지 아시는 거지요?"라고 묻기에 웃어 넘겼는데, 나
정말 쉬는 거 어떻게 하는지 까먹은 거 아니겠지?

4월 6일 목요일

지금은 오전 5시 20분. 2박 3일째 아무것도 못하고 누워만 있으니 조급함이 밀려온다. 약 먹고 다시 자야지, 하다가 이렇게 일기를 쓰기 시작.

캘린더를 보니 3월 한 달간 주중 주말 가리지 않고 약속이 피크였다. 마치 가속도가 붙은 것처럼 힘든 줄도 모르고 달렸다. 사실 에너지를 소모하거나 정신적으로 힘든 일은 없었다. 그런데도 '지금 속도가 빠른데?' 싶어서 틈틈이 속으로 되뇌곤 했다. 땅에 발 붙이자. 들뜨지 말자. 차근차근 가자.

그렇게 괴물 같은 일정을 모두 마치고 이제 숨 돌릴 수 있겠다 싶은 시점이 온 다음 날부터 기다렸다는듯 목이 살살 따끔따끔 까실까실했다. 그러다 그저께 새벽에는 잠을 잘 수 없을 만큼 아팠다. 식은 땀을 흘리며, 자다 깨다를 반복하며 계속 시간을 확인했다. 병원 갈 시간이 얼른 되었으면 좋겠다, 너무 아프다, 하면서. 줄줄 눈물이 났다. 기다리던 아침이 왔고, 2시간을 대기하고 만난 의사는 편도염, 기관

지염, 후두염이 동시에 왔다고 말했다. 평소 무뚝뚝한 의사인데, 이 정도면 많이 힘들었겠다며 안타까운 표정을 지었다. 진단을 받고 당연한 결과지를 얻은 것처럼 속이 시원하기도 했다. 올 것이 왔구나.

몇 년 전 자기만의 방 런칭 준비를 할 때도 그랬다. 아무도 압박하지 않는데도 나 혼자 쉼 없이 주말까지 달리고 또 달렸다. 그러다 어느 월요일 아침, 영혼이 나간 채 회사 계단을 내려오다가 발을 삐그덕. 거골 손상이라는 무시무시한 진단을 받았다. 결국 그 중요한 시기에 4개월간 깁스를 하고 불편하게 지냈다. 그런데 그때도 비슷했다. 다치던 순간, 속시원한 감정이 들었던 게 기억난다. 누군가 급브레이크를 밟아준 것처럼 느껴졌던 거다. 덕분에 쿨다운 시기를 가졌고, 강제로 누워 지내던 며칠 동안 한수희 작가님을 알게 되었다. 그게 에세이를 만들기 시작한 계기였다.

지금도 비슷하다. 이대로 가면 안 된다고 몸이 브레이크를 걸었다. 너무 아프지만, 고마워. 책이 읽히지 않던 지난 한 달도 시그널이었던 것 같다. 속도를 줄이라는 신호.

마흔이 되어도 여전히 우당탕이다. 아직도 나를 어떻게 다뤄야 할지 모르겠다. 그래, 계속 배워갈게. 일단 얼른 낫자.

4월 7일 금요일

어젯밤 9시경, 침대 위에 누워서 메일함을 열었는데, 스튜디오 고민의 편지가 도착해 있었다. 벌떡 일어나 앉아 메일을 열었다.

"스토리텔링 및 전체적인 방향성을 구상하는데에 주력한 시안이에요. 가볍게, 안전하게, 친근하게 라는 생각을 가지고 작업하였어요."

떨리는 마음으로 첨부파일을 열었다. 두근두근 두근…. 첫 페이지를 보자마자 마음속에서 이런 목소리가 들렸다. '이거다. 되었다.' 아주 사소한 우려 같은 것도 떠오르지 않았다. 그냥 이거구나 싶었다. 당장 일어나 답장을 드리고 싶었지만, 지난번 일이 생각나서 참고 일단 자버렸다. 오늘 아침 다시 첨부파일을 열어보니 확신이 든다. 진짜 이거다. 되었다. 점 하나, 작은 각도 하나에도 마음을 기울였을 스고 님들께 감사하고 또 감사했다.

크게 두 가지 시안을 주셨는데, 첫 번째 시안으로 진행하고 싶다고 편지 드렸다. 미팅 날짜도 여쭸다. 어제 편지에 영하 실장님이 "저 시간 많아요"라고 쓰셨는데, 풉 웃었다. 내가 아는 워커 홀릭 중 톱 오브톱인 분이 시간이 많다니.

또 하나, 오늘 어마어마한 일이 있었다. 한수희 작가님과 아침 대화를 나누다가 『우리는 나선으로 걷는다』가 계속 품절인 이유를 여쭸다. 작가님도 이유는 모르겠다 하셨고, 다만 계약기간이 끝나 자동 연장 중이라는 이야길 해주셨다. 용기 내어 여쭸다. "이 책, 터틀넥에서… 이 책 사랑해요." 돌아온 작가님의 답.

"어 그럼 그렇게 합시다."

그렇게 내 인생책을 터틀넥프레스에서 출간하게 되었다. 출판사 시작하기를 잘했어, 진짜 잘했어. 너무 기뻐서 으아아아악 소리 질렀다. 게다가 작가님이 지금 이 시기를 글로 쓸 수 있을 것 같다고 하

셨다. 너무 설레서 또 으아아아악. 출판사 시작하기
를 잘했어, 진짜 잘했어.

💬 한수희 작가님의 팬인 친구들이 몇 달 전부터 『우리
는 나선으로 걷는다』가 품절이라는 이야기를 해줬다. 주
변에 선물하고 싶은데 책을 구할 수 없다고. 뭔가 사정이
있겠지, 하고 넘기다가 너무 오래 지속되어서 작가님께
여쭸던 거였는데 그게 터틀넥프레스로 이어질 줄은 생
각도 못했다. 이 책은 『우리는 오늘도 우리는 나선으로
걷는다』라는 제목으로 2023년 겨울 재개정판을 출간했
다. '이 시기를 글로 쓸 수 있을 것 같다' 말씀하셨던 글은
2025년에 출간 예정이다.

4월 9일 일요일

느즈막히 일어나 짧은 산책과 장보기, 집 정리, 정성 들여 만든 저녁을 먹었다. 몸 컨디션이 많이 좋아졌다.

4월 10일 월요일

스튜디오 고민 미팅. 밤을 샐 수도 있을 만큼 신나게 수다를 떨었다. 왜 실장님들을 만나러 갔는지조차 까먹었다. 하하. 우리 심벌은 이대로 진행하기로 했고, 디테일은 책과 함께 만들어가자고 하셨다. 신난다. 드디어 심벌이 생겼다.

4월 11일 화요일

최혜진 작가님께 심벌을 보여드리니 브랜드 페르소나로 '낙관적인 탐구자'는 어떠냐 하시면서 '탐구'라는 새로운 단어를 발견해주셨다. (와!) '낙관적인'과 '탐구자'가 붙으니 묘한 재미가 느껴진다.

『에디토리얼 씽킹』 귀엽고 진지하고 재밌기까지 한 프롤로그가 들어왔다. 첫 장부터 사로잡는 글. 너무 설레잖아.ㅜㅜㅜ

4월 12일 수요일

드디어 사업자통장을 만들었다. 카카오에서 사업자통장 광고를 많이 하길래 알아봤더니, 어떤 대형서점은 제1금융만 거래 가능하다 하고 찾아볼수록 의견이 분분했다. 에라 모르겠다, 하고는 원래 거래하던 은행에 갔는데 별 어려움 없이 개설이 된다? 다만 이체한도가 비대면일 때 30만 원, 은행 창구에서 대면 송금하면 100만 원이다? 하하하. 너무해! 은행님, 저희 진짜 회사라고요.

4월 13일 목요일

아픈 건 나아졌는데, 밤에 쉽게 잠들지 못하고 1시간에 한 번쯤 깬다. 각종 수면 유도 유튜브를 들으며 꾸역꾸역 잠들어도 금세 깨고 다시 잠들기가 어렵다. 미간 사이에 긴장감이 쌓여 있는 게 느껴진다. 스트레스는 늘 있던 거지만 그렇다고 지금 특별히 큰 스트레스가 있는 시기는 아니다. 오히려 좋은 일이 많았다. 그런데 왜 잠들지 못하는가. 자다가도 일어나 할 일들을 떠올리는 걸 보면 의식하지 못하지만, 압박 받고 있는지도 모르겠다. 너무 애쓰지 말 것. 지금으로도 충분하다. 충분히 잘하고 있어.

4월 18일 화요일

터틀넥프레스 출판설정권계약서를 정리하고 있다. 작년에 밑미와 리추얼메이커 계약을 하던 때, 계약서를 보고 밑미를 더 좋아하게 되었다. 계약서에는 보통 날인하는 입장의 사람이 지켜야 할 일, 하면 안 되는 일이 잔뜩 적혀 있기 마련인데 밑미 계약서에는 서로의 약속이 적혀 있었다. 당신은 리추얼메이커로서 이걸 약속해주세요, 우리 밑미는 이런 걸 약속하겠습니다, 하고. 터틀넥프레스도 작가님들과 약속을 하고 싶다. 계약서를 준비하다 말고 우리 브랜드만의 약속은 무엇일까, 고민했다.

명함, 계약서 등에 우리 캐치프레이즈 문구인 "거북목이어도 괜찮아"를 넣고 싶었다. 거북목이어도 괜찮아=느려도 괜찮아(책으로 해결하는 사람들이라 자신을 느리다고 생각함)=우리들의 세계에서는 누구보다 자유롭고 빠르니까 괜찮아, 이런 메시지를 전하고 싶어서다. 먼저 딥플로 번역해봤다.

It's okay to be a turtleneck.

It's okay to be a turtle.

좀 더 쉽게 표현할 수 없을까?

It's a turtleneck, but it's okay.

Turtleneck, but it's okay.

Turtleneck, it's okay.

아무래도 어감이 맞는지 모르겠어서, 웅 작가님
께 여쭤봤다. 작가님은 네이티브 친구에게 문의. 돌
아온 답은 Turtleneck, but it's okay. 이 문장이 자연
스럽다고. 이거다! 이제부터 우리가 세상에 발신하
는 첫 번째 메시지.

4월 19일 수요일

『기획하는 일, 만드는 일』 본문 디자인 시안이 도착했다. 본문 디자인 시안을 볼 때마다 '책 만드는 기쁨이 이런 거구나' 했었는데. 1년 만이다.

<2023 언리미티드 에디션> 참가 신청 공지가 떴다. 신청 기간은 4/28-5/30, 행사는 11/3-11/5.

4월 20일 목요일

　망원역 옆 도장집에서 사업자도장을 팠다. 민선배님이 개업선물이라며 돈을 내주셨다. 도장집 사장님이 "번창하세요" 하며 도장을 건네주셨는데, 나도 모르게 도장을 꽈악 쥐었다.

　오늘 민선배님의 한말씀은 "(새로운 거 찾아다니기 전에) 본진이 튼튼해야 한다"였다. 본진이란 홈페이지나 블로그처럼, 터틀넥프레스의 베이스캠프 같은 곳.

　일본에 연수 갔을 때 만난 저작권 담당자들이 해줬던 말이 떠올랐다. 궁금하거나 결이 맞을 것 같은 한국 출판사를 발견했을 때, 정보를 얻을 곳이 홈페이지인데 한국 출판사들은 홈페이지가 있는 경우가 적더라고. 한눈에 그 출판사를 알 수 있는 웹페이지가 있으면 좋겠다는 얘길 했었다. 본진이란 그런 게 아닐까. 우리 브랜드와 책이 궁금할 때 바로 찾아올 곳.

저녁에 자방이들을 만나 신나게 놀았다. 늘 그 랬듯 많이 웃었다. 그리고 오늘은 처음으로 울지 않았다. 더는 울지 않아서 다행이다.

💬 사업자도장에는 뭘 써넣는지 궁금해서 도장집에 가기 전에 찾아봤다. 막도장에는 이름만 들어가 있다면, 개인/ 법인사업자 도장은 테두리에는 회사 이름, 안쪽에는 대 표 이름이나 다른 문구가 들어간다고. 명판도장은 당장 필요 없어서 만들지 않았다.

4월 24일 월요일

　이번주 약속들을 전부 다시 조율하고 병원에 다녀왔다. 기관지염×후두염×편도염, 염증 3콤보의 재방문이란다. 회사에 다닐 때 아픈 것과 혼자 일할 때 아픈 게 다를 줄 몰랐다. 혼자 일하면 모든 일이 멈춘다. 직장인일 땐 휴가가 줄고, 일정이 좀 밀리는 정도였다면 이젠 리스크가 크다. 건강도 책임감을 가져야 하는 건가.

　침대에 누워『행복을 파는 브랜드, 오롤리데이』를 읽다가 이거 큰일인데 싶은 대목을 만났다.

　"어떤 일을 시작하고 수행하고 마무리 짓는 것이 10단계라면 나는 늘 3단계쯤에서 에너지의 80%를 써버리는 사람이었다."

　나도 그렇다. 터틀넥프레스를 시작하기도 전에 '그다음은…'이라고 자연스럽게 생각이 옮겨갔었지. 건강도 마찬가지다. 우당탕 전력을 다하다가 아파버린다. 다시 회복한다. 또다시 우당탕 애를 쓴다. 다시 아파버린다···. 1인 브랜드는 내가 시스템이라던 한수희 작가님의 말씀. 잊지 말자.

4월 25일 화요일

　터틀넥프레스의 출판계약서를 완성했다. 표준 계약서 내용은 그대로 살리고, 우리 식의 언어로 수정했다. 인세정산 시기는 고민되었다. 혼자 해야 하는데, 분기별 정산은 자신 없었다. 게다가 분기가 엄청 빨리 돌아온다는 걸 프리워커가 되고 절실히 알게 되었다. 아침밥 먹고 돌아서면 점심밥 준비하는 느낌이랄까. 계약서 설명서도 준비 완료.

저자의 약속, 출판사의 약속이 담긴 서약서 비슷한 것도 만들었다. 앞으로 운영해나갈 때 꼭 지켜나가고 싶은 부분과, 함께하는 작가님들께 약속드리고 싶었던 것을 담았다. 맨 앞장에 심벌을 크게 쾅 넣은 커버까지 붙여서 완성. 완성된 계약서를 출력해보니 기분이 이상하다. 내가 계약자인 계약서를 만들다니.

오늘도 촘촘하게 하루를 설계하였으나 역부족이었다. 돌발 해결할 일들이 생기고, 모든 일이 내가 예상한 것보다 시간이 더 걸린다. 계획에 빈칸을 두어야 하나? 아님 그때그때 바꿔야 하나? 으아… 어렵다.

4월 26일 수요일

첫 계약식날. 장수연 피디님과 드디어 계약서를 썼다. 도장을 찍는데 얼마나 긴장되던지. 손 여기저기에 인주를 묻혔다. 출판사 이름도 없고, 사업자도 없던 때, 일단 믿고 시작해주신 피디님. 책 잘 만들어서 보답하고 싶다.

4월 27일 목요일

아침에 꾸까 춘화 대표님의 일매출 1억 글을 읽고 순수하게 부러웠다. 연매출 1억도 꿈같은데 일매출이라니. 강남의 작은 사무실에서 출발한 꾸까를 직접 봤기에 신기하기도 하고, 내가 설레기도 했다.

그런데 생각해보면, 신인 출판사인 터틀넥프레스는 매출보다 안정적인 시스템을 만드는 게 제일 급하다. 단계별 할 일을 정해야겠다고 생각했다. 1단계 올해 해야 할 일. 2단계 내년에 해야 할 일. 그렇게 목표와 세팅을 구체적으로 그려보자. 오, 설렌다.

4월 28일 금요일

아침에 화들짝 돈 걱정이 되었다. 이제야 걱정하다니, 나도 어지간하다. 후룩 알아보니 소상공인 대출은 거래나 매출이 없어서 안 되고, 창업대출은

2ND QUARTER

TURTLENECK

135

사업계획서니 뭐니 복잡해서 전문업체의 도움을 받아야 할 만큼 빡센 시장. 결국 결론 없이 제자리다. 아… 정말 대책없이 시작했구나. 그러던 중 기다렸다는 듯 신용대출(마통) 연장 메시지가 왔다. 이전까지 앱으로 간단히 연장해왔기에 별생각 없이 클릭클릭했는데, 마지막 단계에서 '너 회사 안 다니네? 그럼 담당자랑 통화해'라는 요지의 안내문이 떴다. 아, 맞다. 나 개인사업자지.

　○○은행 담당자와 통화했다. 직장인 신용대출이었으므로 그대로 진행은 안 되고, 연장한다 해도 한도가 많이 줄 수 있다 했다. 최악은 연장불가. 연장하기 위해서는 현재 수입이 있다는 걸 증명해야 한다고 했다. 담당자가 말일이라 바쁘니 휴일 지나 준비할 서류들을 전화로 알려주겠다고 했다.

　부랴부랴 민선배님께 상담했다. 창업대출, 신용보증기금 대출 등등을 이야기하다가 일단 가장 가능성 있는 대책은 주담대였다. 주담대. 이름도 담대하구나.

4월 30일 일요일

감사한 마음들을 어떻게 전할 수 있을까. 이름도 없고, 실체도 없는 출판사인데 나만 믿고 원고를 약속하고 맡겨준 작가님들. 그 마음 자체로 응원이었다. 마음이 하강곡선을 타려 할 때면 늘 떠올렸다. 이렇게 작가님들이 믿어주는 건, 그래도 어떻게든 내가 이 일을 해나갈 수 있다고 생각하셨기 때문 아닐까. 나도 나를 좀 더 믿어봐도 되지 않을까.

5월 1일 월요일

노동자의 날인데 영하 실장님이 오전 9시에 초교지를 보내셨다. 아침에 목이 부어 또 병원에 다녀왔는데 다녀오자마자 교정지부터 열어봤다. 그렇게 수없이 했는데도 책 만드는 과정은 익숙하면서도 늘 새롭다. 첫 번째 책. 첫 번째 초교지 입고. 믿기지 않는다. 이러다가 또 익숙해지겠지. 그것도 그것대로 좋다. 처음은 처음대로, 두 번째는 두 번째대로 좋다. 세상에, 진짜 책이 나오려나보다.

5월 2일 화요일

　　○○은행에서 전화가 없기에 걸어봤더니 안 받으신다. 이 정도로 안 받는 건 이상한데…? 담당자가 내 번호를 입력해두었다는 말이 떠올라서 혹시나 해서 이시우 씨 전화로 걸어보니, 받으신다. "담당자님 저예요" 하고 이름을 대니 깜짝 놀라는 우리 담당자님. 많이 바쁘시단다. 딱 걸리셨어! 기분이 별로였지만, 이런 일쯤은 에피소드 만들어주신 거라 여겨야지.

　　"불안보다는 희망을 자극하고 싶어."

　　오늘 산책을 하며 손에 꼭 쥐고 다닌 문장. 어제 본 〈요즘사〉 혜민님과 롤리님의 인터뷰가 오래 마음에 남았다. 저도 그런 책, 그런 콘텐츠를 만들고 싶어요.

5월 3일 수요일

오전 8시. 애숭 작가님께 브랜드 세계관을 담은 영상을 작업해주실 수 있을지 제안 메일을 드렸다. 사람들이 "터틀넥프레스는 어떤 브랜드예요?"라고 질문할 때마다 내 머릿속에 있는 그림을 구구절절 설명하는 게 너무 어려웠다. 작가님이라면, 현실로 만들어주실 것 같았다. 편히 거절하실 수 있게 카톡이 아니라 메일로 드렸는데 실은 긍정적인 답을 주시길 간절히 바랐다.

오전 11시. 신용대출연장 승인이 났다. 신촌 길 한복판에서 소식을 들었다. 일단 급한 건은 해결이다.

오후 2시. 세상에. 애숭 작가님이 오케이해주셨다! 생각하고 있는 연출 내용이 있으면 글이나 간단한 그림으로 설명해달라고 요청하셨다.

밤 11시. 애숭 작가님께 이런 메일을 보냈다.

작가님, 제가 떠올리던 이미지는 이런 것들이었어요. 매우 두서없을 것으로 예상됩니다만, 줄줄줄 써볼게요. 터틀넥프레스 심벌 캐릭터를 티티 씨라고 부르겠습니다. 티티 씨는 '낙관적인 탐구자'예요. 호기심 많고, 배우기 좋아하고요.

티티 씨가 무언가 궁금한 것, 해결하고픈 것이 있어 책을 펼칩니다.(천천히)

목을 쭈욱… 책을 읽기 시작합니다.(호기심과 탐구)

현실에서는 책을 펼쳐 읽고 있는 모습이지만, 책은 티티 씨가 가장 자유로워지는 곳, 마치 바다와 같은 곳이에요.

티티 씨가 헤엄을 치고 있습니다. 완전 자유롭게 자기 속도로 훨훨 둥둥요.

주변을 보니 다른 티티 씨들도 신나게 헤엄치고 있어요.

티티 씨는 그 바다에서 자유로워 보입니다.

두서없이1. 세계관에서 '우리들이 자유로워지는 바다'는 '책'이기도 하고, 거북목 동족들이 모여 있는 '커뮤니티'이기도 해요.

두서없이2. 심벌에서 글자는 등껍질을 표현한 거였어요. 그래서 영상에서도 완전 거.북.이.가 아닌 등껍질은 터틀넥프레스 글자로 표현하는 것이 어떨까 하는 생각을 해보았습니다.

두서없이3. 그림은 심플한 라인으로 떠올렸어요. 그런데, 바닷속을 헤엄칠 때는 파란색을 상상하고 있었습니다.

두서없이4. 전혀 상관 없는 이야기인데요. 세계관 스토리를 만들 때, 〈폼포코 너구리 대작전〉에서 영감을 많이 받았어요. 현생에서 지친 너구리들이 숲으로 돌아와 신나게 춤추고 놀던 모습요.

5월 4일 목요일

퇴사 1주년. 1년 전 오늘 마지막 출근을 했다. 마지막 퇴근도 했지. 퇴근할 때도 실감 못 했다. 휴가 가는 정도의 기분이었다. '진짜 내일부터 회사에 안 온다고?(물론 내일은 어린이 날이지만)' 그러면서 익숙한 계단을 걸어내려와 익숙한 철문을 열고 밖으로 나왔었다. 지난 1년간 별로 한 게 없다 생각했는데, 제로 상태였던 작년을 생각하면 1년은 엄청나게 긴 시간이었다. 그간 고생했다. 앞으로 1년도 잘 지내보자! 응원할게!

🗨 퇴사하던 날, 그날로부터 며칠이 지났는지 알 수 있게 디데이 앱을 설정하고 휴대폰과 애플워치 배경화면에 숫자가 보이도록 해뒀다. 내가 회사를 떠났다는 걸 실감하기 위해서였다. 이제는 완전히 실감하고 있지만, 아직 지우지 않았다. 독립해서 살아온 시간을 눈으로 보고 싶어서다.

5월 7일 일요일

초교지를 보며 신이 나다가도, 갑자기 불안해지
곤 한다. 왜 불안한지는 모르겠다. 세상 힘들고 어
려운 일이 있어도 잠만큼은 잘 자는데, 요즘 수면
의 질이 많이 떨어졌다. 자다가 자꾸 깨고, 일찍 눈
이 떠진다.

5월 9일 화요일

애숭 작가님을 만나 그 자리에서 애니메이션 스토리보드를 짰다. 머릿속에 있던 것들이 눈앞에 펼쳐지는데 신기하고 기뻤다. 아니, 뛸 듯이 기뻤다! 집에 돌아오는 길, 이 기쁨을 당장 누군가와 나누고 싶은데… 휴대폰을 이리저리 만지작거렸다. 친구들에게 이야기하면 축하해주겠지만 설명이 필요하다. 설명 없이 소식을 듣자마자 "와아!" 하고 기뻐하는 것과 다르고, '축하'와 '함께 기쁨'도 다르다. 혼자 일하는 건 이런 거구나. 이렇게 기쁘고 신나고 행복한 순간을 당장 나눌 사람이 없다니.

혼자 일하는 게 힘든 때가 언제냐는 질문에 지금까진 '혼자 결정하고 고민해야 할 때'라고 답했는데 그보다 힘든 때를 알았다. 기쁜 일이 생겼을 때, 바로 곁에서 축하가 아니라 함께 기뻐할 사람이 없을 때였다. 너무 외로웠다. 흑.

5월 11일 목요일

넷플릭스 <성난사람들> 완료. 어떻게 이런 이야기를 만들 수 있을까. 어떻게 이런 이야기를 밀고 나갈 수 있도록 했을까. 보는 내내 감탄에 감탄을 했다. 이제 보니 며칠 전에 본 <더 웨일>도 A24였네. 터틀넥프레스가 A24 같은 출판사였으면 좋겠다고 나도 모르게 생각했다. 그런데 'A24 같은'이 뭘까. 좀 더 생각해보자.

🗨 미국의 영화사 A24는 여전히 터틀넥프레스의 추구미 중 하나다. 몇 개의 키워드만 적어보자면 '믿고 보는', '자기다움을 밀고나가는', '인디와 웰메이드가 공존하는', '다양성' 등이 있다. 다만, 아쉽게도 터틀넥프레스에는 브레드 피트가 없다.

5월 12일 금요일

카카오뱅크 주택담보대출을 알아봤다. 은행과 친해지고 싶은데 자꾸만 눈을 돌리고 싶고, 자꾸만 내가 작아진다.

5월 13일 토요일

브랜드를 시작하기로 결심한 후로 마음을 사로잡혔던 것이 있었다. 바로 언리미티드 에디션(언리밋) 참가. 그런데, 브랜드를 다듬어가면서 책 작업도 하고, 동시에 언리밋 신청서를 쓰고, 제출할 포트폴리오도 제작하려니 할 일이 많아 숨이 안 쉬어질 지경이었다. 민선배님께 상황을 의논드렸다. 가만히 듣다가 처음으로 꺼내신 말.

"근데, 거기 꼭 나가야 해요?"

"…!"

한 번도 생각해본 적 없었다. 무조건 나가야 한다, 이걸 꼭 해야 한다, 그러니까 이걸 해결해야 해… 이렇게만 생각이 흘렀지 왜 언리밋에 나가야 하는지(목적과 의도), 지금 상황이 어떤지 제대로 파악도 못 했다.

언리밋이 있는 11월 첫 주는 정말 바쁠 때다. 올해 세 권의 책이 꼭 나와야 하고, 심지어 내 책도 나온다. 올해는 차근차근 기본을 챙기는 게 더 중요하다. 또, 성급했다.

어떤 결정을 내릴 때마다 잊지 말자.

- 내가 왜 이걸 하나?
- 현재 내 상황은 어떠한가?

하기로 마음먹은 일이 있어도 잠깐 멈춰서 왜 이것을 해야 하는지, 지금 이걸 할 수 있는 환경인지

자문할 것. 어떻게 해결해야 할지 방법을 찾느라 발을 동동 굴렀는데, 하지 않는 게 현재의 답이었다는 걸 깨알았다. 때로 원점에서 생각해야 한다.

🌙 이날의 교훈은 이후에 결정의 순간을 맞을 때마다 진짜, 정말, 완전 중요한 기준이 되어주었다. '하는 게' 중요한 게 아니라, '왜' 하는지가 중요하다. 그리고 그걸 할 수 있는 상황인지 냉정하게 생각해야 한다.

5월 15일 월요일

드디어 첫 계약금 송금 완료! 은행 창구에서 돈 이체하는 거 진짜 오랜만에 해봤다. 은행에 간 김에 주택담보대출도 알아봤다. 은행님 말씀이 현재 소득도 일정하지 않고, 사업자로서 매출도 없어서 쉽지 않다고. 기업대출을 알아보라고 하셨는데, 느낌이 담당자가 그쪽으로 넘기고 싶어하는 것 같았다. 얼결에 기업창구에서 기업대출상담을 받았다. 친절한 담당자님이 심사를 받아보자며 신청서를 작성했다. 대출금액에 1억 원이라고 쓰는데 이거 부루마블도 아니고. 실감이 안 나는 액수다.

스튜디오 고민에서 심벌을 다듬어 보내주셨다. 지난번 시안에서 목 길이와 각도, 눈 위치가 미세하게 바뀌었다. 디테일하게 조금씩 거북목을 매만지며 수정하는 실장님을 상상해봤다. 너무 감사했다.

5월 16일 화요일

2200번 타고 파주에 간 건 진짜 오랜만이다. 황량한 이채쇼핑몰 사거리에 내려 그늘도 없는 땡볕을 걸어 유유 출판사에 도착. 우아아 사옥이라니. 사옥이 있는 건, 어떤 기분일까.

조성웅 대표님과 점심 먹고 사옥을 구경했다. 유유를 시작한 지 10년이 된 지금도 아침에 주문이 들어온 걸 볼 때면, 유유 책을 누군가 사고 있다는 게 여전히 신기하다고 하셨다. 나도 상상해봤는데, 너무 신기하다. 누군가 우리 출판사 책을 읽고 싶어서 돈을 주고 사겠다고 하는 거잖아.

대표님께 밥과 커피까지 얻어먹고 조언도 잔뜩 받았다. 제작업체, 물류창고를 소개 받았고 마감 일주일 전쯤 업체들과 만나기로 했다. 이렇게까지 도와주시다니, 너무너무 감사하다. 사실 안 해도 되는 일이고, 귀찮은 일이잖아. 사업일기 노트 뒤쪽에 감사한 분들의 이름을 따로 적어두기로 했다. '은혜 갚을 희'를 줄여서 '은희' 리스트다. 모두 기억해두었다가 꼭 보답해야지. 유유 대표님의 조언들 메모.

- 서점과 거래 시작할 때 공급률에 대한 내 최저선을 만들고 가야 한다. 예를 들어, 매절 OO% 이하는 안 된다던가 하는 것.
- 신생 출판사가 MD 미팅 때 꼭 해야 할 일. 앞으로 지속해서 책을 만들 거라는 걸 보여주기. 출간예상 목록, 지금까지의 내 이력 정리해서 페이퍼 만들 것.
- 물류창고 선정 기준. 1) 정리정돈이 잘되어 있나. 책 손상과 연결된다. 2) 반품재생 설비가 잘 되어 있나. 3) 택배발송 문제 없나. 4) 일하는 분들의 태도.
- 모든 거래, 계약에서 조급해하지 말 것.

그리고, 가장 기억에 남는 말씀은 "혼자 일하는 사람은 내 일을 줄이는 게 가장 중요해요"였다. 이제 편집자이기 전에 출판사 대표라는 사실 잊지 않기. 비용이 들더라도 내가 꼭 하지 않아도 되는 일은 맡기기. 시간을 분산하는 게 더 손해다.

2200번이 파주 출판단지 입구에 들어섰을 때, 코너에 있는 건물 앞에 쌓여 있는 책들을 봤는데, 좀 설렜다. 어쩌다 여기까지 왔나 싶지만, 이미 시작되었고 달리는 기차를 이제는 멈출 수 없다.

저녁에 한겨레교육 든든한 기획노트 3기 모임. 그간 동기끼리 계속 만나온 3기 모임에는 처음 참여했는데, 오랜만에 이렇게 다양한 책 만드는 동료들과 만나는 경험, 재밌었다. 다음 모임은 함께 서점 탐방이라고 한다. 덕분에 처음 편집자 교육을 받았을 때 들었던, 잊고 있던 말이 떠올랐다.

"서점은 학교다."

5월 17일 수요일

　"창업한다" "출판사를 차린다"라는 표현을 쓰지 않고 "출판 브랜드를 만든다"라고 했던 건, 창업이나 사업이라는 단어가 낯설고 두려웠던 이유도 있지만, 준비하는 마음가짐이 달라서이기도 했다. 정말 브랜드를 만들고 싶었다. 내가 바라는 모양의 작지만 새로운 세계를 구축하고, 좋아하는 사람들과 그 세계를 가꾸며 더 많은 사람들과 세상을 만나고 싶었다.

　이제는 창업한다, 사업한다, 출판사를 차린다, 라는 표현도 자연스럽게 쓰려고 한다. 그 말들에 담긴 무게와 거기에 따라오는 해야 할 일들을 마음과 머릿속에서 더 또렷이 하기 위해서다. 문득 출판사를 '만든다'보다 '차린다'라는 표현을 더 자주 쓴다는 게 신기했는데, 사전을 찾아보니 "(사람이 가게나 살림을) 필요한 것들을 갖추어 벌이다"라는 뜻이었다. 그런데, 저는 필요한 것들을 갖추지 않고 벌여버렸어요. 어쩌죠.

5월 18일 목요일

"돈은 생각보다 위대하다."

드라마 〈사랑의 이해〉

20대 초반에는 자라지 않는 어른, 철들지 않는 어른이 멋있어 보였다. 세속적인 것에 휘둘리지 않고 순수한 마음을 가지고 살아가는 것처럼 보이는 어른. "돈? 그런 건 잘 몰라~"라고 말하는. 그런데, 이제는 그런 어른이 되지 않으려고 노력한다. 돈이 인생의 최종 목표, 가치 중 최고, 그건 물론 아니지만, 나를 책임지고 살려면 돈에 대해서도 관점을 갖고 책임감도 가져야 한다. 은행, 돈, 견적서 같은 단어를 만날 때마다 스트레스를 받기보단 공부하는 마음으로, 그리고 웃픈 순간을 마주하더라도 내 인생의 에피소드가 하나 더 늘었구나 하며 넘긴다. 돈은 생각보다 위대하다. 그 위대한 돈을 다루는 건 우리다. 그러므로 우리가 돈보다 위대하다.

5월 19일 금요일

제이유님 만나서 홈페이지 의논했다. 며칠 전, 홈페이지는 블로그로 대체해야겠다고 마음먹었는데 갑자기 제이유님한테 먼저 연락이 왔다. 홈페이지 만드는 게 어떻냐고. 문득 곁에 있는 친구들의 초능력에 대해 생각했다. 눈을 크게 뜨고 친구들에게 어떤 초능력(강점, 능력)이 있는지 찾아보자. 곁에 있는 사람들이 가진 능력들을 잘 연결하면 우리가 또 새로운 것들을 해볼 수 있지 않을까.

오롤리데이 성수 팝업도 다녀왔다. 요즘 롤리님 책을 다시 읽었더니 또 다르게 보였다. 이렇게 에너지와 행복을 충전해주는 브랜드가 되기까지 10여 년간 쌓아온 경험과 시간. 존경스러웠다. 우리 브랜드도 방문한 사람이 행복해지는 팝업을 꼭 해봐야지, 그 전에 일단 10년 버텨야지.

저녁에 만난 D가 1천만 원 정도는 빌려줄 수 있으니 필요할 때 말하라고 했다. 고맙고 또 고마웠다. 이 은혜들, 어떻게 갚을 수 있을까.

5월 22일 월요일

　온종일 교정, 교정, 교정. 2교 끝. 장수연 피디님의 저자 교정도 도착했다. 제목을 아직도 확정하지 못했다. 제목안을 모아둔 '큰일났다 제목안' 파일도 버전이 엄청 쌓였는데, 이제 다 온 것 같기는 하다. 결심할 일만 남았다.

🗩 첫 책『기획하는 일, 만드는 일』의 제목은 프로젝트를 시작할 때 가제로 붙였던 제목 그대로다. 수많은 제목들을 만들었다가, 결국 처음으로 돌아오는 일들이 생각보다 많다.

5월 26일 금요일

카페에서 우연히 첫 출판사 대표님을 만났다. 막내였던 보희 씨가 출판사를 시작할 줄은 몰랐다 하셔서, "저도 제가 그럴 줄 몰랐어요!" 하고는 둘이 엄청 웃었다.

대표님 연세를 헤아려보니, 내가 입사했을 때 대표님 나이가 지금의 나와 비슷했을 것 같았다. 대표님의 처음은 어땠는지 여쭤봤다. 지금은 큰 규모에, 수많은 직원을 이끄는 대표님도 자신이 책 만드는 데에 재능이 없는 것 같아 그만두고 싶었던 순간이 있었다고 하셨다. 사업도 아무 준비 없이 시작해 정말 힘들었다고. 다들 그렇게 우당탕하는 거라고. 보희 씨가 부족한 게 아니라고 하시며 분명 본인보다 더 잘할 거라고 과한 응원을 해주셨다. 눈물이 꿀렁거려 참느라 혼났다.

"다들 그렇게 우당탕하면서 해. 눈앞에 닥치는 것들을 해나가다보니 여기까지 왔네." 대표님의 말씀이 오래 남는다.

표3에 넣을 문구 정리했다.

"Turtleneck Press 터틀넥프레스
책을 좋아해서, 책 때문에 거북목이 된 사람들을 위
한 출판브랜드입니다. 책이라는 우리만의 바다에서
함께 자유롭게 헤엄쳐요. 거북목이어도 괜찮아요.
Turtleneck, but it's OK."

5월 27일 토요일

언젠가부터 죽기 직전을 상상해보곤 한다. 주로
잠들기 전 시커먼 어둠 속에서 천장을 바라보다가
눈을 감으며 죽기 직전은 어떨까 하고 상상하는 거
다. 죽음을 떠올릴 때면 믿기지 않는 지점이 있다.
내 숨이 멈추고, 어둠. 모든 게 끝. 아무것도 없다. 평
생 내가 살아온 일상, 해온 일, 나를 행복하게 하거
나 혹은 괴롭히던 것들. 그런 것들이 파스스 흩어지

고 아무것도 없다. 마치 다음 편이 없는 드라마처럼 끝나는 거다. 상상하고 있지만 상상이 안 된다. 모든 게, 사라진다? 그럼, 그 마지막 장면을 알고 있는 나는 어떤 선택을 해야 할까. '어차피 끝날 거'가 아니라 한정된 시간을 어떻게 쓸지 생각해야겠지. 지금도 흐르는 시간을 무엇으로 어떻게 채울지. 내게 한정된 시간이 있다는 걸 잊지 말자. 특히 선택 앞에 섰을 때, 기억하자. "시간은 한정되어 있어. 그렇다면 어떤 선택을 할래?"라고 묻고, 내가 진짜 바라는 것을 택하자. 그 선택을 실행하고, 촘촘하게 느끼고, 즐기자.

ISBN 발행자번호가 나왔다. 983409. 터틀넥프레스가 세상에 존재의 점 하나를 찍은 기분이다.

지금도 잠들기 전에 종종 죽음을 떠올리곤 한다. 특히 마음이 어지러운 일이 있을 때면 '이 일을 내가 죽기 전에도 떠올릴까? 기억조차 할까?' 묻곤 한다. 답은 늘 '기억할 리 없다'다. 그러곤 쿨쿨 잠든다.

5월 28일 일요일

위경련 시작. 인용문 확인할 책 찾으러 도서관에 갔다가 식은땀 흘리며 돌아왔다. 병원에 갈 수 없으니 꼼짝 못하고 누워 잤다. 꿈에서 계속 휴대폰을 잃어버렸다가 되찾고, 터틀넥 심벌에 대해 소개했다. 꿈에서 여러 번 연습해서 실전에서도 잘할 수 있을 거 같다.

5월 29일 월요일

주사 맞고, 약 먹고, 계속 쉬었다.

5월 30일 화요일

위경련으로 3일이 날아갔다. 계속 어딘가 아프다. 얼마전 밑미 메이트들과 만난 날 자기 '민감도'에 대해 이야기를 나눴다. 불안감이 높고, 스트레스를 받고 있어도 자기 민감도가 낮으면 그걸 인지하지 못하고 별문제 없다 '생각'하며 지낼 수 있다고. 그러다가 예상하지 못한 어떤 상황을 맞았을 때 와르르 한 번에 몰려 올 수 있다는 이야기. 이번주 갑자기 시작된 위경련으로 며칠을 고생하면서 자기 민감도에 대해 자주 생각했다. 그렇게 연휴를 삭제하고, 집에서 얌전히 일하며 보냈다.

『기획하는 일, 만드는 일』 인용문 게재 허락을 위해 출판사들에게 메일을 보내기 시작했다. 책 한 권 없는 유령 출판사를 어떻게 소개해야 하나 고민하다가, 일단 내 소개를 넣어 보냈다.

5월 31일 수요일

아침부터 출판진흥원 홈피가 다운되었다. <우수출판콘텐츠> 선정작 발표도 궁금하고 <중소출판사 출판콘텐츠 창작 지원> 신청도 마감날인데 계속 먹통. 일단 『에디토리얼 씽킹』 원고는 한 벌 더 출력해서 제본해뒀고 <우수출판콘텐츠>에 떨어지면 냅다 우체국으로 가야지, 그런 계획이었다. 그러는 한편 어쩐지 선정될 것만 같아 느긋하기도 했다.

일하다가 수시로 홈피에 들어갔지만 백지 화면이고 아무런 공지도 없다. 점심시간이 지나서도 마찬가지. 불안해져서 결국 진흥원에 전화를 걸었지만 전화 연결도 안 된다. 그러던 중 겨우겨우 담당자님과 통화가 되었다. 지칠 대로 지친 담당자님의 목소리. 나 같은 사람들이 엄청나게 전화를 했겠지. 신청자가 몰려 홈페이지가 다운되었고 중소출판사 콘텐츠 지원 사업 마감일은 하루 미뤄질 거라는 말에 일단 안심했다. 그러면서도 나는 우수출판콘텐츠에 선정될 것 같은데 그러면 미리 제본해둔 원고를 어찌해야 하나, 그런 생각도 했다.

　　오후가 되었고, 카페를 옮겨 대조교정을 마친 후 한숨 돌리며 진흥원 홈피에 접속. 오! 당선작 리스트 PDF가 떠 있었다. 오랜만에 쫄렸다. 간절했다. 궁금하고 급한 마음에 발표 리스트가 ㄱㄴㄷ순인 것도 눈치 못 채고 마구잡이로 우리 책 이름, 작가님 이름을 찾아헤맸다. 그런데 없다. 다시, 또다시 확인해도 없다. 뭐야?! 떨어졌다고?! 그 순간의 감정을 어떻게 설명할까. 정신이 번쩍난다는 게 이런 건가. 세포들이 살아나고 모든 게 생생하게 느껴졌다. 잠시 멍하니 모니터를 보다가 원고를 다시 펼쳐봤다. 아니, 이렇게 좋은데? 재밌는데? 의미 있는데? 심사위원들, 뭘 본 거야?! 오기가 생겼다. 실패가 나쁜 것만은 아니구나. 요새 몸이 안 좋아서 느릿하게 움직이고 있었는데, 찬물을 끼얹은 듯하다. 뭐랄까. 전의가 솟았다. 아니, 실은 눈물이 날 것 같았다. 작가님께도 보답하고 싶었거든. 우이씨… 정신이 번쩍 났다. 내가, 내가 팔 거다. 우리 책은, 내가 판다.
좋아. 가보자 6월.

🗨 이날 홈페이지 다운에 쫄렸던 이유는 이거다. <우수
출판콘텐츠 제작 지원>과 <중소출판사 출판콘텐츠 창작
지원>은 동시에 지원할 수 없다는 게 원칙. 우수출판콘
텐츠 선정작을 확인한 후에 떨어지면 중소출판사 출판콘
텐츠 지원에 신청하려 했다. 그런데 선정작 발표일과 신
청 마감일이 같은 날이어서, 우왕좌왕했었다. 안타깝게
도 이 지원 사업도 지금은 사라졌다.

6월 1일 목요일

어제 그렇게 내가 팔겠다고 큰소리를 쳐놓고 <중소출판사 출판콘텐츠 창작 지원>에 또 응모. 하하. 뭐든 해야 한다. 원고 하나를 더 추가하려고 제본집에 다시 찾아갔다. 단돈 1천 원으로 재제본하고, 합정동 우체국을 향해 걸었다. 다행히 어제보다 덜 더웠는데 그래도 땀이 줄줄 흘렀다.

저녁에 영상 제작을 하는 Y에게 브랜드 애니메이션 효과음을 부탁했다. 물소리, 파도소리, 책장 넘기는 소리 정도면 충분하다 했는데, 후배 음악감독에게 맡기겠다고. 가… 감독? 지원사업에 떨어져도, 위경련 때문에 못 먹어도, 행복하다.

저녁에 교정지를 보는데 이게 책으로 묶여나오면 기분이 어떨까 상상해보다가 엄청 설렜다. 그런데 밤부터 귀와 턱이 아프네? 이번엔 또 무엇이냐…. 새벽 4시까지 교정 봤다.

6월 2일 금요일

이비인후과에 다녀왔다. 외이도염이라고 한다. 하하하.

6월 3일 토요일

네모님과 소식 나눴다. 회사를 그만두고 프리랜서로 나서신다고. 회사를 떠나면 큰일 나는 줄 알았는데 직장인일 때보다 일도 더 많고, 하고 싶은 일을 할 수 있게 되었단다. 그러면서 그 모든 계기가 출판 덕분이라고 하셨다.

"책 만드는 직업은 바로 사람의 인생을 멋지게 하는 일이네요. 보희님 앞으로도 멋진 일 오래오래 하세요."

한참 카톡 창을 바라보았다. 맞아. 그런 일을 했었지. 잊고 있었다. 멋진 일, 오래 하고 싶다.

6월 4일 일요일

음악과 효과음이 입혀진 브랜드 애니메이션 영상이 도착했다. 마침 엄마와 큰이모와 함께 있을 때여서 바로 보여드렸다. 근데 어라, 반응이 너무 좋다? 귀엽다며 좋아하신다. 영상을 보니 심벌이 더 매력적으로 보인다고. 지난 20년간 내가 무슨 일을 하는지, 무슨 책을 만드는지 관심 없던 우리 엄마. 심벌까지 관심 가져주다니 놀랍다. "임영웅처럼 대박나라!"라고 하셔서 아아 어른들에게 대박이란 그 정도 스케일이구나 싶었다. 근데 엄마… 출판에 그런 대박은 없어.

+ 터틀넥프레스 브랜드 애니메이션

6월 5일 월요일

사운드가 입혀진 영상을 애숭 작가님께 보내드렸다. 영상에 입체감이 생겨서 너무 좋다며 입덕해서 계속 보고 계시다고. 애니메이션에 제목을 지어주면 좋겠다는 의견을 주셨는데, 바로 떠올랐다.

"Open my Ocean."

『기획하는 일, 만드는 일』 표지 시안 도착. 책이 나오려나봐! 근데 어쩌지. 뭘 골라야 할지 모르겠어.

💬 "Turtleneck, but it's OK"와 함께 터틀넥프레스를 소개하는 문구는 "Open my Ocean"이다. 이때 우리의 바다는 '책'을 의미한다. 언젠가 이 문장으로 여러 가지 프로젝트를 진행해보고 싶다.

6월 7일 수요일

소개 받은 우진물류 단가견적표가 왔다. 낯선 단어와 숫자들을 보고 있는데 갑자기 현타가 온다. 나는 누구, 나는 왜 이걸 보고 있지, 어쩌다 출판사를 시작한 거지?

명함 시안도 왔다. 직책이 계속 고민이다. '대표'라고 쓰는 게 너무 어색해서 '대표편집자'라고 쓰려 했는데 선배들이 입을 모아 무조건 대표라고 써야 한다고 했다. 모두가 말하는 이유도 같았다. 대표의 책임과 역할은 편집자와 다르다는 것. 한 브랜드의 대표임을 잊지 말라고 했다.

한겨레교육에서 박대리님의 마케팅 강의를 들었다. 1년 만에 '판'의 한가운데로 돌아가는 기분이 들었다. 열강해주시는 선생님 덕에 어쩐지 잘해나갈 수 있을 것 같은 용기도 붙었다. 마케터들 사이에 앉아 이제 갓 태어난 0년 차 마케터로 3시간 동안 딴짓 한 번 안 하고 열심히 공부했다.

6월 8일 목요일

계약금에 대한 원천세, 우여곡절 끝에 냈다! K님
이 같이 공부하며 알아봐준 덕이다. 일단 오늘 지방
소득세까지 클리어하고, 지급명세서를 이번 달 안
에 발행해야 한다고.

스튜디오 고민에서 터틀넥프레스 인스타그램
오픈을 위한 이미지들을 보내주셨다. 처음 업로드
할 이미지 6개와 프로필 이미지까지 세심하게 챙
겨주셨다. 이러고 보니 터틀넥프레스, 어엿한 브랜
드 같잖아!

6월 12일 월요일

조대표님이 종일 운전까지 해주시며 도와주셨다. 점심에는 제작처 제이오 대표님과 미팅, 오후엔 우진물류 방문. 물류창고를 선정할 때 기준은 1) 깨끗하고 2) 반품처리가 잘되고 3) 1인출판 찬밥대우 안 하는 곳이라고. 하하하. 일정 종수까지는 보관료가 무료여서 종수가 적은 1인 출판은 물류에 큰 도움이 안 되어서 그렇단다.

직접 가서 보니 우진물류는 한눈에 봐도 깨끗하고, 반품도서를 섹션을 나누어 출판사별로 구분해놨다. 물류 대표님께 "얼른 책 많이 만들어서 보관료 내는 출판사가 되겠습니다!" 했더니, "너무 급히 하면 넘어지니까 본인 속도에 맞게 천천히 차근차근해서 오래 만드세요" 하신다. 요즘 인생의 운을 다 끌어모아 쓰는 듯하다.

6월 13일 화요일

드디어 명함이 나왔다. 이시우 씨에게 제일 먼저 건넸는데 바로 오자를 발견했다. 홈페이지 주소에 press가 빠져 있네? 하하하하하하하하. 일단 내일 미팅에 가져갈 명함에는 예쁘게 수정테이프로 수정했다. 에피소드 또 만들었네.

이왕 이렇게 된 거, 새로 찍는 명함에는 인스타그램 주소도 넣기로 했다. 하이웍스 메일도 개설되었다. 민선배님이 "번창하세요!"라고 메일을 보내셨다.

6월 14일 수요일

내 손으로 판권 문안을 썼다. ISBN에 찍힌 0이라는 숫자. 정말 제로에서 시작하는 기분이다.

6월 15일 목요일

서점 미팅 때 활용할 터틀넥프레스 소개자료를 정리하고 있다. 출간예상목록을 써놓고 보니, 든든한데? 이대로만 차근차근 만들면 좋겠다.

최혜진 작가님과 왜 이렇게 우리는 일욕심이 많은가 한탄하다가, 쉬어야 하는데 하다가, 허망한 다짐이라며 웃고 말았다.

6월 16일 금요일

　이쯤이면 첫 책이 나와 있을 줄 알고 지방에서 제안 들어온 강의들을 모두 수락했다. 강의하고, 책과 브랜드 홍보도 하고, 지역 서점에 인사드리러 가는 게 야무진 계획이었으나 현실은… 책은 출간 전이고, 마감에 허덕이며 강의 준비를 하고, 서점에 갈 시간도 없다. 인생은 늘 예측대로 가는 법이 없구나.

6월 19일 월요일

자기만의 방 시리즈 책 속에 고양이를 숨겨놓은 것처럼 터틀넥 책에도 무언가 재밌는 요소가 있었으면 했는데, 역시나 스고님들이 귀엽고 재밌는 아이디어를 주셨다.

"터틀넥 심벌을 내지에 적용을 할까 말까 고민을 했는데, 소소한 아이디어를 내보았습니다. 이름하여 거북목 스트레칭 아이디어인데요. 아주아주 러프하게 만든 시안을 165p에 숨겨놓았습니다."

아아, 너무 귀여워. 게다가 브랜드의 의미도 더 강화해줄 장치다. 스고님들, 천재!

6월 20일 화요일

『기획하는 일, 만드는 일』마감.

6월 21일 수요일

인쇄 감리. 감리는 언제나 떨린다. 인쇄소 건물
에 들어서자 철컥철컥 인쇄기 돌아가는 소리, 종이
와 잉크 냄새가 훅 밀고 온다. 맞아, 인쇄소에 올 때
면 늘 긴장했다가 이 소리, 이 냄새 때문에 설렜다.
본문이 1도여서 보지 않아도 되는데, 괜히 불안해서
본문까지 보고 왔다. 눈으로 봤는데도 책이 나오는
게 실감이 안 난다.

6월 23일 금요일

정동진 '이스트씨네'에서 이시우 씨 강의가 있어 따라왔다. 오는 길에 강릉에 들러 승희 대표님이 소개해준 '말글터'와 '아물다' 서점에 들러 인사 나눴다. 지역 서점들과 만날 때 어떤 이야기를 해야 할지 정리가 필요하다. 책이 실물로 있으면 좀 나으려나.

성경선배에게 3대 서점들과 신규거래하는 법을 여쭤봤다.

1) 교보문고:⟨협력사 여러분⟩ 코너 → 종이책 신규거래 안내. 서류 준비해야 하고, 인증서 발급받아야 함.

2) 예스24:⟨거래처 관계자께⟩ 코너 → 도서 신규거래 신청.

3) 알라딘:⟨출판사, 판매자 안내⟩ 코너 → 출판사공급자 안내.

중요한 건 공급률인데, 출판사마다 다르고 분야마다 다르다. 일단, 내 가설을 가지고 돌파해보기로.

🔍 신규거래 신청은 책을 사고 파는 거래 계약을 위한 절차다. '공급률'이란 출판사가 서점에 책을 팔 때 정가의 몇 퍼센트로 공급할지를 말한다. 예를 들어 공급률이 60%이면 정가 1만 원짜리 책을 서점에 6,000원에 공급한다.

6월 25일 일요일

바다가 보이는 테이블에 앉아 서점들에 신규거래 신청서를 제출했다. 한 글자 한 글자 써넣을 때마다 조심스러웠다.

6월 26일 월요일

두 개 서점에서는 바로 신규신청 오케이! 전자계약 진행했다. 한 군데에선 공급률을 내려달라는 요청. 조대표님의 말씀을 떠올렸다. '최저선'을 가지고 거래를 시작할 것. 쫄지 않고 한 번 더 재요청했다. 나도 물러날 수 없다.

오후에 물류에서 연락이 왔다. 책이 입고되었다고 한다. 비가 오는 날 창고 입고라니···. 이사 날이나 결혼식 날 비가 오면 잘산다더라, 같은 말은 사람들의 다정함이 담긴 말이었구나 싶다. 아니, 그런데 책이 나왔다고?!

성경선배와 내일 물류창고에 들렀다가 교보문고와 북센에 가기로 했다. 정동진에서 서울 컴백.

6월 27일 화요일

　선배 차를 타고 물류창고에 갔다. 서울에서 가려니 세상의 끝처럼 멀었다. 도착하자마자 창고로 달려갔다. 입구에 쌓인 우리 책들을 보니 진짜 시작되었다는 게 실감이 난다. 아니, 근데 책이 왜이리 많아 보이지?! 넋을 놓고 책이 쌓인 팔레트 앞에 서 있었는데, 물류 대표님이 다가오셔서 그러신다. "책이 느낌이 좋아요, 잘될 거 같아." 그저 감사했다.

　지난번에 창고에 왔을 때, 창고 안쪽 깊숙한 곳, 그중에서도 위쪽에 쌓인 책들을 대표님이 가리키시며 잘 안 나가는 책들은 저렇게 안쪽으로 들어가게 되고, 잘 나가는 책들은 입구 쪽에 꺼내기 쉽게 둔다고 하셨던 말씀이 떠올랐다. 우리 책은 입구 앞쪽에 놓였으면 좋겠다, 속으로 작은 소원을 빌었다.

　책 가지고 바로 북센으로 이동. 잔뜩 긴장해서 선배 뒤만 종종종 따라다녔다. 신규거래 담당자님 만나 책과 출판사 소개자료 건네고 계약에 필요한 서류들을 안내받고 나옴. 계속 선배를 쳐다보며 어쩔 줄 몰라했던 기억밖에 안 난다. 정신을 차리기도 전에 교보문고로 이동. 신규거래 담당자님 만났다. 친절하게 이것저것 설명해주시고, 모르는 건 연락달라고 하셨다. 그러면서 온 김에 담당분야 피엠님을 만나고 가라면서 바로 자리로 안내해주셨는데 '안 돼요, 아직 안 돼요'를 속으로 외치면서도 일단 따라갔다. 얼결에 피엠님 앞에 앉은 나. 뭐라고 설명했던가. 역시 기억이 안 난다. J피엠님이 책에 소개된 프로그램들이 흥미롭다 하셨던 것, 예상 출간 목록들을 보며 기대하겠다 하셨던 것, 따뜻하게 잘 될 거라고 응원해주셨던 것만 기억 난다. 배본일에 맞춰 주문 주시기로 했고, 주문 주신다는 게 신기해서 또 어리둥절했던 기억. 이렇게, 시작되고 말았다.

🔎 신규거래신청 후 계약을 마치면 이제 서점에서 책을 팔 수 있다. 이때 서점에 책을 등록해 주문이 들어오는 대로 판매하는 방법도 있지만, 적극적으로 책을 알리고 판매하기 위해선 각 서점의 담당자님들을 만나 책을 소개

해야 한다. 교보문고의 경우, 오프라인과 온라인 담당자님이 나뉘어 있다. 북센은 총판 중 하나로 독립서점, 지역서점에 책을 공급하기 위해 거래하기로 했다.

6월 28일 수요일

책을 들고 상암동에 갔다. 장수연 피디님이 처음 책을 받고 환하게 웃던 순간, 내 광대는 더 날아갈 것 같았다. 피디님이 이 책을 어떤 과정을 거쳐 쓰셨는지 알기에 더더욱 책임감을 느낀다.

땡스북스에 입고 관련 메일을 드렸다. 큐리어스 때는 지혜님과 행비님이, 자기만의 방 때는 정승님이, 터틀넥프레스는 소정 점장님과 혜민 매니저님이 첫 입고를 받아주셨다. 한 서점과 오랜 인연을 이어갈 수 있다는 것도 정말 감사한 일이다.

6월 29일 목요일

　"터틀넥프레스입니다. 엉금엉금 사이트를 만드는 중입니다." 홈페이지를 가오픈했다. 제이유님이 '엉금엉금'이라는 단어를 찾아주셨는데, 터틀넥이랑 잘 어울리는 것 같아.

　요새 다시 잠을 못 잔다. 뇌가 계속 움직이는 게 느껴진다.

🗨 홈페이지 개발은 이대로 멈춘 상태다. 눈앞의 일들을 처리하느라 더 진행하지 못했다. 그런데 오히려 잘된 일이기도 했다. 이때는 홈페이지에 무얼 넣고 빼야 할지 판단이 안 되었는데, 시간이 지나면서 우리 홈페이지에 무엇이 필요할지 기준이 생겼다. 2025년에는 정식 오픈하는 게 목표다. www.turtleneckpress.com 지켜봐주세요.

6월 30일 금요일

마지막까지 설득과 설득을 거친 A서점까지 모두 계약을 마쳤다. 메일 주고받으며 에너지 소모가 너무 컸다. 서로 한 발자국씩 물러나 타협했다. 거친 세계에 들어온 게 실감 난다.

서점들의 엠디 미팅은 예약제로 운영되는데, 예스와 알라딘은 미팅 신청 완료. 교보문고는 법인이 아니면 예약 사이트에 가입이 안 된다. 수소문해서 인터넷 교보문고 H엠디님께 미팅 요청 메일을 보냈다.

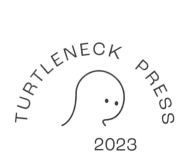

2023

3분기

모든 게 처음인 날들

주요 사건
- 『기획하는 일, 만드는 일』유통 시작
- 첫 주문, 첫 출고, 첫 재주문, 첫 계산서 발행
- 온라인, 오프라인 MD 첫 미팅
- 경부선 첫 출장
- 『기획하는 일, 만드는 일』북토크
  : 땡스북스, 인덱스숍, 안산 마을상점 생활관,
  한겨레교육
- 2쇄와 3쇄 증쇄
- 『에디토리얼 씽킹』,『오늘도 우리는 나선으로 걷는다』
  초고 입고
- 엉금이 입사

TURTLENECK

7월 2일 일요일

새로운 분기의 시작을 새 책 원고로 출발했다.
『에디토리얼 씽킹』초고 입고. 탈고해서 신이 난 작
가님의 편지에 나도 헤벌쭉 웃었다. 감사합니다. 잘
만들게요.

7월 3일 월요일

첫 주문이 들어왔다. 출고 프로그램에 접속해
숫자를 입력했다. 잔뜩 긴장해서는 입으로 소리까
지 내가면서. 출고 요청을 끝내고 몇 분 후 물류 대
표님께 전화가 왔다. 같은 주문을 두 번 넣은 것 같
다고. 으악. 출고로 정신없이 바쁜 아침 시간에 번
거롭게 해드린 게 죄송해서 여러 차례 사과를 드렸
다. "내일은 틀리지 않고, 잘해볼게요!" 그러자 대

표님이 대수롭지 않게 하시는 말씀. "처음부터 잘하는 사람이 어딨습니까?! 하나하나 배워가면 되지요. 수고하세요!" 눈물이 핑그르르.

모든 게 다 처음인 일들을 하고 있는데, 그게 재밌고 또 힘들다. 좀 더 잘했으면 좋았을 텐데, 하는 순간도 많다. 근데, 처음 하는 일이니까. 하나하나 배워가면 되니까. 내가 초보라는 거, 신입이라는 거, 잊지 말자.

신간자료 서점 세 군데 모두 발송했고, 인터넷 교보문고 담당 엠디님과 이메일로 미팅 일정 잡았다. 미팅 일정은 이메일로 조율하고 급할 땐 전화로 하면 된다고. 엠디님의 다정한 답장에 오늘의 두 번째 눈물 핑그르르.

"소중한 첫 책을 출판하시게 된 것을 진심으로 축하드립니다. 처음 독립하시는 출판사분들 이야기를 들어보면 첫 책을 내시는 순간이 바쁘면서도 가장 애틋한 때라고 하시더라고요."

가장 애틋한 때. 돌아보면 정말 그럴 것 같다.

춘천 광장서적이 부도가 났다는 소식을 들었다. 어떤 곳인지도 모르는데 '부도'라는 단어가 다르게 다가온다.

○ 엠디님 말씀이 맞았다. 사업일기를 정리하는 동안 가장 애틋한 때가 이 무렵이었다. 모든 게 처음이어서 허둥지둥했던 때. 그러면서 혹여 초보 대표를 만나 우리 책에 폐를 끼칠까 전전긍긍하던 때.

7월 4일 화요일

　오후에 알라딘 예술 분야 K엠디님 미팅. 조금 일찍 알라딘 빌딩에 도착했는데, 어떻게 미팅에 들어가야 하는 건지 모르겠어서 일단 1층 인조 잔디 계단에 앉아 주위를 살폈다. 미팅 시간을 기다리는 마케터들이 삼삼오오 모여 이야기를 나누고 있다. 마케터들은 서로 많이들 아는 듯했다. 외로웠어⋯. 미팅 장소로 추정되는 곳의 유리문 앞을 보니 사람들이 시간을 확인하며 문 너머로 빼꼼 안을 들여다보며 서성거린다. 그러다가 이전 미팅이 끝나고 자리가 비면 샤샥 들어가는 시스템으로 파악. 똑같이 따라했다.

　자동문이 열리고 안으로 들어서자 열띠게 책 소개를 하는 목소리로 웅웅웅웅 엄청 시끄러웠다. 미팅 공간은 개방형이었다. 엠디님들이 각자의 테이블에 앉아 있었고, 차례가 되면 그 앞에 앉아 미팅 시-작. 딱 10분간 우리 책을 최대한 매력적으로 알려야 한다. 엘리베이터 피치급. 웅웅웅 소리를 뚫고

192

2023

어리둥절하며 K엠디님 앞에 앉았다. 어찌어찌 인사를 드리긴 했는데, 세상에, 갑자기 아무 생각도 안 난다. 책 소개를 하고(하긴 했나?), 브랜드 소개를 하고(뭐라 했지?) 뭘 더 해야 할지 몰라서 엠디님을 멀뚱멀뚱 바라봤다. 와아, 나 회사 면접 때도 이렇게 긴장한 적 없는 것 같은데?!

혼이 나가기 직전, 엠디님의 말에 정신이 돌아오기 시작했다. 엠디님이 책의 디테일들을 알아보고 좋아해주셨다. 출간예정 리스트를 보고 기대된다고도 하셨고, 최혜진 작가님 신작은 알라딘 펀딩 제안도 주셨다. 예술 분야에서 차곡차곡 책을 쌓아가면 팬층이 생긴다며 응원도 해주셨다. 그런데 문제는 이렇게 책 소개, 브랜드 소개, 알라딘 펀딩 이야기를 하고 응원까지 받았는데, 10분도 안 되었다! 아직 시간이 남았는데 내가 뭔가 더 해야 하는 거 아닐까, 책 얘기 더 해야 하나?! 어쩌지? 머릿속은 온갖 생각을 하고 있었지만 내 엉덩이는 이미 의자를 떠났고, 결국 7분 만에 자리에서 일어났다. 하아….

미팅 마치고 오는 길에는 한참 걸었다. 햇빛은 뜨겁고, 마음은 설명할 길이 없고. 그런데 어쩐지 요즘을 그리워할 날이 올 거라는 건 확실히 알겠더라.

집에 돌아와 엠디용 책소개 자료를 더 간결하게 수정했다. 미팅룸에 가보니, 내용이 복잡하고 말이 많으면 하나도 눈에 안 들어오겠다 싶었다. 인스타그램에 첫 게시글도 올렸다. 시작, 또 시작이다.

🗨 서점에 책을 판매하는 방식은 크게 세 가지다. 먼저, 위탁. 말 그대로 책을 위탁하는 것. 책을 먼저 보내고 팔린 만큼 수금한다. 이때 공급률은 서점과 계약한 기본 공급률을 적용한다. 두 번째는 매절. 일정 부수 이상을 주문하면 공급률을 낮춰주고 판매하는 방식. 이렇게 주문해 간 책은 몇 부가 팔리든 다음 달에 바로 결제해준다. 세 번째는 현매. 주문한 부수만큼 바로 금액을 지불하고 책을 사가는 방식이다.

7월 5일 수요일

어제 인터넷서점에 책소개와 상세페이지 등 모든 게 업로드되고 판매 첫 날을 보냈다. 눈 뜨자마자 SCM을 확인해보니 작고 귀여운 부수가 팔렸다. 회사에 다닐 때 부수를 생각하면 적지만, 되게 소중한 느낌. 신기했다.

오후에는 인터넷 교보문고 H엠디님 미팅. 시작부터 문제에 봉착했다. 미팅하러 어디로 가야 하는지 모르겠다. 차님께 카톡으로 물었다. 교보 본사는 파주에, 인터넷은 상암동에. 기억할 것!

알라딘이 완전 개방형이었다면, 교보문고는 부스형이었다. 부스 유리에 붙은 시간표를 보니 앞이 다산북스 뒤가 어크로스. 거인들 사이에 어깨를 좁히고 서 있는 기분이었다. 교보문고 미팅도 할당된 시간은 10분인데, 두 사람이 들어가도 작게 느껴질 법한 부스에 엠디님과 단 둘이 앉아 진행하는 게 특징이다. 아니나 다를까 역시, 또, 떨린다. 랩하듯 책소개를 줄줄줄 하고, 브랜드 소개를 하고, 그러고 나니 과호흡이 올 것 같다. 그래도 와중에 야무지게 브랜드 영상까지 보여드렸다. 집중해서 봐주시는 다정한 엠디님. "압도 당했다"며 응원을 듬뿍 해주셨다. 출간 예정인 책들에 대한 아이디어도 주셨다. 그리고 무엇보다, 심벌이 귀여워서 나중에 굿즈를 만들면 좋겠다고도 하셨다. 굿즈, 정말 너무 만들고 싶습니다.

바로 땡스북스로 이동해 소정 점장님과 혜민 매니저님을 만났다. 점장님이 에어 폭죽을 터뜨리며 축하해주셨다. 모두의 축하를 받으며 땡스북스 입고 확정.

⌒ 심벌로 굿즈를 만들면 좋겠다던 H엠디님은 훗날 터틀넥프레스 최초의 서점 굿즈 '에디토리얼 씽킹 머그'와 '터틀넥프레스 파우치'를 함께 만들었다. 그 한마디가 이렇게 현실이 될 줄이야.

7월 6일 목요일

드디어 시작된 출간 루틴. 아침마다 SCM으로 일희일비하기. 책 파는 거 힘든 거였지…. 잊고 있었다.

오늘은 예스24 K, N피디님 미팅. 역시나 어디로 가야 하는지 모르겠어서 차님께 또 물어봤다. 진짜 진짜 초보가 된 기분이다. 정신이 없긴 하지만, 좋다. 예스24는 회사 라운지 같은 열린 공간에서 미팅을 했다. 역시나 옆 테이블에서 책 소개하는 게 들리는 개방형 스타일. 피디님 얼굴을 몰라서 또 우왕좌왕했지만, 결국은 만났다. 책 소개, 브랜드 소개, 자연스럽게 브랜드 영상까지 소개 완료. N피디님이 브랜드 영상을 너무 귀여워해주셔서 기뻤다. 벌써 네 번째 미팅이니까 이전보다는 덜 긴장할 줄 알았는데 미팅 마치고 여의도 거리로 나와서는 나도 모르게 하늘을 보며 "으아아아아" 하고 기합을 넣게 되더라.

바로 합정으로 이동해서 교보문고 예술 코너를

찾아갔다. 아침에 책 재고를 확인해보니 3권 입고되었던 게 다 팔렸다는 걸 이야기 소재로 들고 갔다. 오프라인 엠디님들은 만나서 어떻게 해야 하나, 긴장에 긴장에 긴장을 했는데 담당자인 J차장님은 너무 다정하셨다. 이런저런 이야기를 길게 나눴는데, 긴장해서 내가 무슨 얘길 하고 있는지 대화하는 중간에도 계속 잊었다. "책이 들어온 줄도 몰랐는데 벌써 팔린 걸 보니 잘 나가려나봐요!"라는 말씀만은 꼭꼭 기억해뒀다. 더 주문해서 책도 평대에 놓아주시기로 했다. 첫 번째 오프라인 미팅, 완료.

저녁에는 애슝 작가님 만나 회포 풀었다. 작가님이 브랜드 애니메이션 만들 돈이면 인플루언서 마케팅이나 광고에 쓸 수 있었을 텐데, 애니메이션을 의뢰해준 게 신기하다고 하셨다. 인플루언서, 광고. 떠올려본 적 없는 터라 나도 신기했다. 나도 모르게 선택하고 결정하는 것들이 터틀넥프레스의 방향을 잡아가고 있는 건지도 모르겠다.

7월 7일 금요일

교보, 예스, 알라딘 재주문이 들어왔다. 최초의 재주문이다. 마치 재쇄를 찍은 사람처럼 동네방네 소문을 내고 엠디님들께 감사 편지를 보냈다.

교보문고 오프라인 엠디님들 미팅 잡기 시작했다. 역시 차님께 방법을 물었다. 미팅 방법은, 각 매장으로 전화를 한다. 담당자님을 찾는다. 근무 날짜를 파악한다. 이때 오전/오후 근무, 휴게 시간 알아둘 것. 날짜를 정해 가겠다고 미리 말씀드린다. 씩씩하게 찾아간다. 만난다. 근무시간표가 매달 바뀌므로 가기 전에 항상 전화로 확인할 것!

오늘의 외근은 먼저 땡스북스. 첫 입고를 했다. 바로 광화문 교보문고로 이동해 K대리님을 만났다. 매대에 책이 놓여 있는데 기분이 묘해서, 요리 보고 조리 보고 매대 주변을 한참 서성거렸다. 그리고 기쁜 마음으로 집으로 돌아오는 길에 질렀다. 또 상상으로만 마음속에서 굴려왔던 일. 서평화 작가님께 심벌을 인형으로 만드는 작업을 부탁드렸다.

7월 8일 토요일

토요일인데 이른 아침에 눈을 떴다. 곧바로 어제 판매부수 확인. 큰 변화가 없다. 더 피곤한 기분. '이렇게 힘든데, 이 일을 계속할 수 있을까.' 멍하니 천장을 보고 있었다. 그때 큰이모에게 전화가 왔다.

"응원해주려고 전화했어!"

"이모, 나 너무 힘들어. 할 일이 이렇게 많을 줄 정말 몰랐어."

침대를 좌우로 구르며 이모에게 그간의 일들을 이르듯 말했다. 이야기를 듣던 이모가 내가 지금 하는 일이 마치 개척교회를 시작하던 이모와 이모부의 30대와 같다면서 웃는다.

"힘들겠지만, 지금이 제일 그리울 거야."

"나도 알 것 같아. 근데 언제까지 할 수 있을까. 아니, 내가 잘할 수 있을까?"

이모가 웃으며 그랬다.

"차근차근 욕심내지 않고 하면, 언젠가 되더라고."

전화를 끊자마자 벌떡 일어나 앉았다. 차근차근, 그러면 된다. 정말 그러면 된다.

오후에 한수희 작가님과 맛있는 냉면을 먹고, 두 권의 계약서를 쓰고, 자유공원을 산책하고, 노을을 보고, 맥주도 마셨다.

7월 9일 일요일

친구, 지인, 심지어 이시우 씨 지인들에게까지도 우정 구매를 부탁하는 연락을 했다. 첫 책이 무사히 태어나 서점에까지 놓인 걸 축하해야 하는데 축하할 시간이 없고, 열심히 해나가다가도 갑자기 막막해지고는 한다. 이제 어떻게 해야 하지? 내가 뭘 해야 하지? 해야 할 일이 많은데, 또 해야 할 일이 뭔지 모르겠다. 내가 잘하고 있는 건지 도통 모르겠다. 민선배님께 답답한 마음을 토로했다. 돌아온 답은 이러했다.

"차근차근 하나씩 즐겁게 배우는 마음으로, 서두르지 말고, 하나를 하고 변화를 기다리는 즐거움으로 해나가자고요. 또 하나를 하고, 또 변화를 기다리고, 차근차근."

차근차근 매일 하나씩, 내가 할 수 있는 것들을 해나간다. 그리고 변화를 기다린다. 즐겁게, 항상 배우는 마음으로, 서두르지 말고, 차근차근. 그렇게 생각하자 내가 해볼 수 있는 일들이 많게 느껴졌다. 매일 작더라도 내가 할 수 있는 일을 해보자. 그리고 기록해보자.

🗨 이날부터 스프레드시트를 만들어 책이나 브랜드를 위해 한 일을 매일 기록하기 시작했다. 내가 한 일이 한눈에 보이니 안심이 되고 든든하기도 했다.

7월 10일 월요일

　판매량과 주문량에 따라 일희일비로 시작하는 아침. 밑도 끝도 없이 이러다 망하면 어쩌지? 그런 생각이 들 때도 있다. 민선배님이 이런 일희일비의 마음을 가라앉혀줄 특급 처방을 해주셨다. 바로 <일희일비 기준표>다. 서점 3곳의 SCM상 판매부수 합계에 따라 일희일비하는 구간을 설정해주신 거다. 예를 들어 이런 거다.

　　10부대=무희무비, 20부대=1희,
　　30부대=2희, 40부대=3희

　이거, 되게 효과 있다. 책이 더 많이 나갔으면 하는 바람은 늘 간절하고, 몇 부가 나갔든 충분히 기뻐하지 못했는데, 기준이 있으니 기쁨도 누릴 수 있게 되었다. 불안도 덜하다. 일단 오늘은 일희의 날이다.
　책을 읽은 분들의 응원 메시지와 인스타 디엠, 스토리 인증이 매일 도착하고 있다. 인터넷서점에까지 굳이 접속해 리뷰를 남겨주는 분들까지, 감사함에 자주 울컥한다.

오늘의 외근은 영등포 교보문고. 집과 가까워서 주말에 트레이닝복 차림으로 자주 가던 익숙하고 편한 곳인데, 책을 알리러 온 거라고 생각하니 긴장되었다. L엠디님을 만나 책과 브랜드 소개 완료. 오프라인 서점 엠디님들 만나는 것도 벌써 세 번째인데, 여전히 어렵다.

7월 11일 화요일

비가 계속 온다. 이제 비가 오면 창밖을 보며 '오늘 책 안 팔리겠네'라는 생각을 하고 만다.

7월 12일 수요일

성경선배에게서 전화가 왔다. 교보문고 강남점에 책이 1부밖에 없으니 전화해서 엠디님께 말씀드리라고. "직접 만드는 책을 직접 파는 재미가 있을 거예요. 그 재미를 느껴야 안 지치고 오래오래 30년쯤 가요." 언젠가 선배가 했던 말이 떠올랐다. 편집자일 때는 '고객' 하면 독자가 떠올랐겠지만, 이제는 서점이 1차 고객이라고. 서점을 통해야만 책이 고객에게 닿는다는 걸 잊지 말라고 하셨다. 강남점에 전화를 할 게 아니라, 직접 가야겠다고 마음먹었다. 오후에 교보문고 강남점 방문. 엄청 바빠 보이는 엠디님께 첫 인사를 건넸다.

사업자 통장에 처음으로 돈이 입금되었다. 소심한책방 J대표님이 첫 거래는 현매로 해야 대박난다며 바로 입금해주셨다. 입금자명은 "샤롱해김보희." 첫 사업소득이다.

양쪽 발 네 번째 발가락에 물집이 잡혔다. 길치에 방향치 뚜벅이가 책을 잔뜩 넣은 백팩을 메고 한

여름에 대중교통으로 움직이며 영업하느라 발바닥과 허리가 고생이다. 현님은 내가 점점 더 바빠지는 것 같지만 훨씬 행복해 보여서 좋다고 했다. 뭔가 더 가벼워진 거 같다고. 그러고 보니, 행복하다. 처절하게 행복하다. 퇴근하던 길에 갑자기 동인천행 급행 열차를 탔다. 역 바로 앞 이자카야에서 한수희 작가님을 만나 시원한 생맥주에 마지막 한 점까지 맛있는 저녁을 먹고 돌아왔다. 확실히 행복했다.

🗨 이때 물집을 터뜨리며 다짐했었다. 내년에는 절대 여름에 책 내지 말아야지. 봄과 가을에 출간하고 좋은 날씨에 외근 다녀야지. 인생은 늘 다짐과는 다르게 흘러가고 2023년 12월 한겨울, 2024년 7월 한여름에 책을 출간했다.

7월 13일 목요일

폭우가 내리던 날. 정승님과 파주에 갔다. 조대 표님께 책을 직접 드리고 싶었다. 늘 잘할 거라고 말씀해주시는 대표님. 손사래 치며 우당탕 꾸역꾸역 가고 있다 말씀드렸지만, 잘할 거라고 말씀해주실 때마다 사실 힘이 난다. 사적인서점에도 들렀다. 지혜님과 서로 무리하지 말라고 걱정하다가, 서로가 할 말은 아니네 하고 웃고 말았다.

7월 15일 금요일

J에게 계산서 발행하는 법을 배웠다. 계산서를 발행하다니. 나 쫌 멋있는데?

TURTLENECK

7월 16일 일요일

일요일인데, 쉬어도 되는데, 훅 밀려오는 불안 감에 오늘은 어떤 작은 시도를 해볼까 하다가 갑자기 전국 교보문고 지점의 엠디님들에게 전화를 걸기로 했다. 전국 지점들의 전화번호를 검색해 찾아내고, 전화를 걸어 담당자님을 찾고, 통화가 연결되면 출판사 소개를 하고(대부분 '터틀넥프레스'를 한 번에 알아듣지 못하셨다), 첫 책이 나왔는데 이러이런 책이라고 말씀드리고(그러면 전화기 너머로 책 제목을 검색해보는 키보드 소리가 타다닥닥 들렸다. 바짝 긴장), 추이 보시며 추가 주문도 잘 부탁드린다 하고(폐가 되는 건 아닐까 하는 마음에, 이 얘길 할 때는 어깨를 잔뜩 웅크리게 되었다) 통화를 마무리. 교보문고 센텀시티, 일산, 천안, 창원, 인천, 판교, 대구, 부산점까지 클리어.

본 적 없는 분께 대뜸 전화를 걸어 주문해달라는 게 참 민망했는데 발가락에 힘을 꽉 주고, 한손으로는 종이에 알 수 없는 그림들을 그리며 용기를 냈다. 그래도 잘했다 싶었던 건, 부산점 G엠디님이

"서가에서도 판매되었으니, 좀 더 주문해서 평대에 깔아보겠습니다"라고 말씀해주셨을 때. 보이지 않지만 감사합니다, 감사합니다, 하고 고개 숙여 인사드렸다.

"할 수 있는 일을 하고, 변화를 기다린다." 이렇게 하나씩 하나씩 해나간다 생각하니 설레기까지 했다.

7월 17일 월요일

　우연히 본 영상에서 박재범이 그런다. "인생에 숫자를 넘어선 목적을 찾고 있어." 요즘 매일 아침 숫자에 일희일비했다. 전날 판매량이 매일의 성적표 같았다. 성적을 잘 받은 날은 종일 신이 나 있었고, 조금 저조한 날은 내가 뭘 잘못했나, 뭘 해야 하나, 한숨을 폭폭 쉬며 일주일을 보냈다. 그런 모습을 지켜보던 이시우 씨가 "이 일, 이번만 하고 말 거 아니잖아"라고 하는데, 무척 놀랐다. 그 당연한 사실을 왜 잊고 있었던 걸까.

　숫자, 계속 책을 만들려면 물론 중요하다. 그런데 그것만이 목적이 되면 일하는 순간들에 불행이 슬그머니 끼어들 틈이 많아진다. 오늘 아침에도 판매량을 체크하고, 주문이 들어오나 메일함을 계속 새로고침 했지만 숫자를 넘어선 목적, 그거 잊지 말자.

7월 18일 화요일

　내가 일을 놓으면, 이 책을 놓으면, 아무도 이 책을 돌볼 사람이 없다. 오직, 나밖에 없는 거다. 림이 했던 말이 떠올랐다. 딸을 보고 있으면 이 아이를 지켜줄 사람, 말 그대로 보호자는 나밖에 없다는 것에 엄청난 책임감을 느낀다고. 비슷한 마음이다. 내가 이 책을 놓으면, 아무도 이 책을 책임질 사람이 없다. 무거운 책임감을 느끼면서 또 그 지점에서 묘미도 느낀다. 내게 달렸다는 것. 내가 하면 된다는 것.

7월 19일 수요일

언젠가 주영선배가 그랬다. 혹시 나 때문에, 우리 출판사가 1인 출판여서 이 책이 자기 역량보다 덜 알려지고 덜 팔리는 건 아닌지 늘 걱정이고 미안한 마음이 든다고. "에이 선배, 선배를 만나 그 책이 지금의 모습이 된 걸요" 하고 위로했었는데, 이제는 매일 아침 내가 그런 생각을 한다.

7월 20일 목요일

성경선배가 연중 가장 안 좋은 비수기에 엄청난 선방을 하고 있는 거라며 응원해주셨다. 선배한테 출판을 새로 시작하는 기분이라며 하소연했다. 정말 처음부터 다시 시작하는 것 같아.

7월 21일 금요일

서울신용보증재단에 예약하고 창업지원 대출 상담받으러 갔다. 주변에서 이곳을 통해 많이들 대출을 받았다기에(게다가 그리 까다롭지 않게) 기대하고 갔는데, 출판사는 대출받기 어렵겠더라. 여기서 보는 창업지원금이란 임대임차 보증금이나 인테리어 비용, 집기구입비용이었다. 지금 신청하면 최대 1천만원. 그 후에 더 빌리고 싶으면 내년 2월 이후에 와서 그때까지의 매출을 증명하고 추가로 가능. 출판사는 책을 내는 데 필요한 돈이 창업지원금이라고 말하니 단호한 답이 돌아왔다. "그건 영업입니다." 헐. 설득의 여지가 없어 보여서 후퇴했다. 건물 밖은 이글이글 끓고 있다. 아아, 서럽다는 게 이런 건가. 집으로 돌아가는 버스에서 Y, S, J에게 상황을 설명하고 혹시 돈을 빌릴 수 있을지 문자를 보냈다. 이 메시지 스팸 아니고, 굉장히 드라마 대사 같지만, 딱 6개월만 쓰고 갚겠다고. 이런 문자를 보내는 날도 오는구나. 미안하고 부끄러웠다.

TURTLENECK

213

7월 22일 토요일

터틀넥 인스타 팔로우 500명!『좌충우돌 출판사 분투기』에서 본 '꼬마전구'가 모여 결국 전국 곳곳을 밝힌다는 이야기를 요즘 자주 떠올린다. 터틀넥프레스를 밝혀주는 꼬마전구님들. 큰 광고, 협찬 없이 친구들과 힘을 보태주는 분들 덕에 곳곳에 불이 밝혀지는 걸 본다. 그 힘이 얼마나 강한지, 그리고 얼마나 감사한 일인지 절실히 느낀다. 나 역시 그들의 전구가 되자고 다짐한다.

7월 23일 일요일

<나영석의 나불나불> 김종민 편을 보다가 '미지근한 인생'을 생각했다. 미지근하게, 꾸준히, 오래. 어쩌면 이게 뜨겁게 타오르는 것보다 더 큰 욕심인지도 모르겠다.

7월 24일 월요일

서평화 작가님께 부탁드렸던 인형을 데려왔다. 작가님이 개업선물로 주시겠단다. 말 그대로 한 땀 한 땀 만들어주신 인형. 우리 오래오래 행복하게 살자. 이름을 뭐라고 지어줘야 할지 고민이다. 이제부터 항상 같이 다녀야지.

『기획하는 일, 만드는 일』 땡스북스 북토크 공지. 반나절도 안 되어 마감되었다. 놀랍다.

7월 25일 화요일

제작비 입금 완료. 이체 한도 때문에 이틀에 걸쳐 보냈다. 결제 완료하는 기분, 되게 후련하다.

J가 마통을 개설했다고 연락이 왔다. 신용 점수가 높아 괜찮다며 필요할 때 마음대로 쓰라고. 뙤약볕에 은행에 다녀왔다고 툴툴거리며 "이자는 니가 내!" 하는데, 고마워서 눈물이 났다.

7월 26일 수요일

갑자기 경부선 출장을 가야겠다고 결심했다. 오래전 영업부가 지방 출장을 다니던 때 '경부선 출장'을 중요시했던 게 기억이 나서였다. 지금 내가 할 수 있는 일은 한 사람에게라도 더 책을 알리는 거니까, 남쪽으로 가자. 결심은 갑작스러웠지만, 준비는 철저히 했다. 교보문고 대구점, 부산점, 센텀시티, 그리고 나락서점까지 방문하는 일정.

AM 7:40 서울역으로 가는 길, 뉴스속보가 떴다. 인명사고로 KTX열차가 지연운행되고 있다고. 역에 도착하니 대합실이 사람들로 가득하다. 안내 전광판을 보니 6시 42분 기차도 아직 출발을 못했다. 그럼 8시 7분 기차는 언제 출발할 수 있는 걸까. 여유 있게 이른 기차를 예매한 거였는데 출발부터 변수가 생겼다. 대합실은 덥고, 책을 넣은 백팩은 무겁고, 누군가 이 아침에 철로로 뛰어들었다는 사실은 슬프고, 땀은 줄줄 흐르고.

AM 9:47 기차에 앉아 대기하라고 한 지 1시간 만에 출발. 출발하기도 전에 지쳤다.

AM 11:40 동대구역 도착. 역 앞을 걷는데, 덥다기보다 몸이 타들어간다는 느낌이다. 여름의 대구는 정말 이글이글하구나.

PM 12:20 교보문고 대구점 도착. 말로만 듣던 대구점은 생각보다 훨씬 크고 사람도 많았다. 당장 3층 예술 코너로 올라가 우리 책을 찾았다. 매대에 수줍게 누워 있는 책을 보니 대견했다. 대구까지 와서 잘 있었구나, 고마워.

안내데스크로 다가가 쭈뼛쭈뼛 엠디님을 찾았다. 예술 분야 담당인 L엠디님은 잘 웃고 친절하고 다정하셨다. 내 자기소개 타임에도 귀 기울이며 듣고 계시다가 자기만의 방에서 책을 만들었다 하니 "어머, 그 책들 만든 분이세요?!" 하며 엄청 신기해하셨다. 어떤 사람들이 자기만의 방의 책을 만드는

지 궁금했다면서. 터틀넥프레스도 크게 응원하겠다며 기운을 불어넣어주셨다. 특히 엉금이를 많이 귀여워해주셨다. 아아, 출장 첫 미팅이 이렇게 훈훈하다니. 역시, 오기를 잘했다.

PM 12:50 동대구역 컴백. 부산으로 가는 13시 50분 열차를 예약했는데, 생각보다 빨리 역에 도착했다. KTX 지연 사태는 어느 정도 마무리되었나보다. 몇 분씩 지연되기는 하지만, 기차가 다닌다. 재빨리 검색하니 5분 뒤 출발하는 부산행 기차가 있다! 이것도 지연되어 출발하지 못한 열차라고. 재빨리 예약하고 플랫폼으로 뛰어가 기차에 올라탔다. 나이스 타이밍. 시원한 기차에 앉으니 세상 행복하다. 등과 백팩은 땀으로 축축하고, 아아 피곤해. 그래도 대구점 L엠디님을 떠올리니 뿌듯했다. 창밖으로 지나가는 여름 풍경이 아름다워 보인다. 계속 안전안내문자가 온다. '[경상남도] 도내 전체 폭염특보발효중.' 와우, 나 기가 막힌 때 왔구나.

PM 13:25 밀양역. 오오, 영화 <밀양>의 그 밀양이구나.

PM 14:00 마산역. 근데, 대구에서 부산 갈 때 마산도 지나갔던가? 이상하네.

PM 14:26 안내 방송에서 우리 열차의 종착역 '진주역'에 도착했단다. 네??? 부산이 아니라 진주라고요?!?! 눈앞에 보이는 진주역 현판을 보고도 믿기지 않아 지도앱을 켰다. 부산과 한참 떨어진 진주에 파란 점이 찍혀 있다. 나 왜 여기에 온 거야. 이유고 뭐고 생각할 틈 없이, 일단 역으로 나와 부산으로 가는 기차가 있는지 확인했는데 한참 뒤에나 있다. 엠디님들이랑 만나기로 약속했는데 어쩌지. 바로 보이는 관광안내소로 뛰어들어갔다. 사정을 설명하니 버스를 타고 부산으로 가는 방법을 알려주신다. 문제는 이마저도 버스 시간을 잘 맞춰야 가능하다. 택시를 잡아타고 부산행 버스를 탈 수 있는 곳으로 부랴부랴 이동했다.

　PM 14:42 부산 사상역까지 가는 버스를 극적으로 탔다. 이 버스를 탈 때도 다른 걸 탈 뻔했는데, 친절한 진주분이 안내해주셨다. 버스에 앉고 나서야 왜 내가 진주에 있는지 생각해보기 시작했다. 나는 분명 안내된 플랫폼에 있는 기차를 탔는데. 추측컨대 그 기차도 연착되어 기다리고 있었던 진주행 열차가 아니었을까 싶다. 열차번호도, 종착역도 확인 안 한 내가 잘못이지 뭐. 이렇게 또 에피소드를 만들었네? 인스타 스토리에 이 여정을 공유하고 허탈해하며 웃고 있는데 잠시 후 고요님께 카톡이 왔다. "대표가 되면⋯ 더 큰 구멍이 되는 매직. 네 저의 이야기." 숨죽여 키득키득 웃었다. 나만 그런 게 아니어서 위안이 된다 하니 언제나 더 큰 구멍이 성내동에서 일하고 있다며 응원해주셨다.

　PM 16:00 부산 서부버스터미널 도착. 사상역 앞

이다. 집에서 오전 7시 출발. 부산에 4시 도착. 하하 하하하.

PM 17:20 드디어 교보문고 센텀시티점. 센텀시 티역에서도 조금 헤맸다. 지친다 지쳐. 그래도 서점 에 들어서니 설렌다. 어쨌든, 왔다.

센텀시티점 J엠디님 미팅. 앞머리는 땀으로 이 마에 붙어 있고, 지친 기색으로 기차를 잘못 타서 진주역까지 갔다 왔다 하니 놀라며 안쓰러워하신 다. 당 충전하라며 커피도 사주셨다. J엠디님은 누 가 봐도 확신의 E. 잠깐 이야기 나누는데도 에너지 를 충전하는 듯했다. 브랜드와 책 소개를 드리니 그 자리에서 바로 주문! 또 헤매지 말라며 부산점 가는 길을 쉽게 차근차근 설명해주시고는 나가는 엘리베 이터까지 데려다주셨다.

PM 18:35 서면에 있는 부산점 도착. 부산점은 20대 독자들이 많아 보였다. 유일하게 부산점 G엠디님만 남성. 조용조용한 말투와 분위기의 엠디님께 터틀넥프레스는 책을 좋아해서 거북목이 된 사람들을 위한 브랜드라고 소개하니 빵 터지셨다. 성공.

PM 19:10 꼭 가보고 싶었던 나락서점. 문제는 서울로 가는 기차 시간 때문에 머물 수 있는 시간은 단 10분밖에 없다. 그래도, 그럼에도 잠깐이라도 가보고 싶었다. 몇 년 전, 부산에서 있었던 컨퍼런스에서 처음 만난 나락서점 미은 대표님이 인상에 오래 남아서였다. 시간은 없지만, 그래도 친구 집에 처음 가는 기분이어서 동네 귀여운 과일가게에서 복숭아 한 박스를 사들고 갔다. 도착하자마자 일단 폴짝 뛰며 인사를 나누고 10분 알람을 맞추고 빠르게 수다 시작. 서점을 제대로 볼 수 없어서 아쉽다 하니, 미은 대표님이 사진을 찍어서 가는 기차에서 확대해 보라고 했다. 역시, 재밌는 분이야. 대표님이 12월에 부산의 첫 번째 독립출판 북페어를 시작한다는 소식을 전해주셨다. 1회 주제가 '첫 책'인데 클래스를 제안하고 싶다고. 이것은 운명인가. 11월에 내가 쓴 책도 출간되는데 『첫 책 만드는 법』이라고 말씀드리니 눈이 이따만큼 커지셨다. 운명이네, 운명 하며 기뻐하는데 알람이 울린다. 그렇게 정신없이 10분을 만나고 헤어졌지만, 역시 나락서점에 가길 잘했다.

PM 19:45 부산역. 이제보니 오늘 한 끼도 못 먹었다. 모든 일정이 끝나니 허기가 몰려온다. 기차 시간을 10분 남기고 밀면 주문. 5분 동안 흡입했다.

PM 20:05 무사히 서울행 기차 탑승. 부산역을 향해 인사했다. 고마워, 덥고 힘들고 또 재밌었어! 아침에 출발할 때 이시우 씨가 새 원두와 드리퍼로 내려준 커피를 이제야 마신다. 하루를 되짚어가며 떠올리니, 웃음이 난다. 첫 출장다운 날이었다. 계획대로 된 게 하나도 없었지만, 그 어느 때보다 신나고 생생했다. 내가 할 수 있는 일을 최선을 다했으니, 또 어떤 변화가 생길지 기쁘게 기다려보자.

🐟 첫 출장에서 유일하게 남은 내 사진. 나락서점 대표님 이 찍었다. 목이 땀으로 번들거리고 옷은 구깃거린다. 애 틋하고 대견한 뒷모습. 첫 출장다운 출장이었다.

7월 27일 목요일

L대표님이 출간 기념 점심을 사주시겠다 해서 신나게 놀러갔다가 어마한 경영수업을 듣고 돌아왔다. 메모한 것들.

- 변하기 힘든 속성의 일들은 상황을 바꾸면 된다.
- 타고난 걸 이겨내는 게 '방법'이다.
- 창업 초기에는 수많은 책을 읽고 공부하고 하는데, 그거 전부 못 한다. 괜히 조바심만 난다. 딱 하나부터 시작해라. 하나부터 잘하면 된다.
- 사업은 '매출'과 '수익'이다.
- 정가, 출고율 1%가 얼마나 큰지 알아야 한다.
- 출간 분야는 선택과 집중을 해야 한다.
- 내가 가진 환경을 가지고 어떻게 빠른 시간 안에 내가 바라는 성과를 달성할 것인가. 그러려면 현재 내 위치부터 파악해야 한다.
- '운'이란 내가 의도하지 않았던 것, 몰랐는데 터진 것.

- 운이 온 다음에는 어떻게 할 것인가?
- 운을 그대로 두면 운으로 끝난다. 운을 실력으로 바꿀 수 있는 방법은, 분석이다. 왜 우리가 성공했는가.
- 내가 성공한 이유를 알면 이제부터 할 일이 확실해진다.

첫 출판사가 이곳이 아니었다면 완전히 다른 편집자가 되었을 거라고, 과격하게는 편집자를 계속할 수 있었을지 의문이라고 말하곤 했는데 다시 한번 확인했다. 대표님에게 직접 일을 배운 것은 아니지만 그 회사가 중요시하는 가치, 방향을 자연스럽게 습득하고 그게 내 것이 되면서 지금의 내가 되었다.

대표님의 경영수업을 복습하며, 터틀넥프레스를 준비하며 꼭 필요한 때 꼭 필요한 귀인들이 나타났다는 걸 깨달았다. 회사를 나오니 더욱더 알겠다. 혼자 할 수 있는 일은 세상에 없다.

〰️L대표님은 첫 출판사의 대표님이다. 대학 졸업을 앞둔 때 대표님께 면접을 봤었다. 인생 최초의 취업 면접이었는데, 1시간 넘게 이어진 강도 높은 시간이었다. 그럼에도 좋은 기억으로 남아 있는 건 어리고 출판 경험도 없는 내 대답에 대표님이 귀 기울여 듣고 질문해주셨던 모습 때문이다. 이날도 요즘의 내 고민을 듣고 힘껏 대답해주셨다. 그리고 계속 질문해주셨다. 미처 내가 생각 못 했던 지점까지.

7월 28일 금요일

한겨레교육 든든한 기획노트 3기들과 터틀넥프레스 첫 책 출간 축하 모임. 정말 고마웠다. 책 출간후 정신없이 보내느라 축하하고 축하받아야 한다는 사실조차 잊고 살았다. 제철을 누리듯 축하의 순간도 누려야 한다.

7월 30일 일요일

최혜진 작가님 아장스망 작업실에 갔다. 작가님과 대화는 늘 놀이와 기획 사이 어딘가에서 이야기가 넘실거린다. 인사이트 샤워를 하고, 원고 이야기를 나누었다. 본격 시작이다. 두구두구.

7월 31일 월요일

실내에서 바라보는 여름은 참 반짝이는데, 밖은 너무 덥다. 덥다. 덥다. 인덱스숍 방문. A점장님과 C매니저님이 환대해주셨다.

저녁에 집에 돌아와보니 인터넷서점 정산안내 공문이 왔다. 그런데 주문한 걸 다 준다는 건지, 판매된 것만 준다는 건지 아리송하다. 장부와 맞춰보니 주문한 건 다 정산해주네?! 완전 신났다. 스프레드 시트에 터틀넥프레스 장부를 만들었다.

장수연 피디님이 임현주 아나운서님의 북토크 질문지를 전달해주셨다. 놀랐고 감동했다. 장피디님이 '러블리한 완벽주의자'라고 표현하셨는데, 딱이다.

🔎 『기획하는 일, 만드는 일』 땡스북스 북토크 진행을 임현주 아나운서님이 맡아주셨다. 심지어 직접 질문지도 만들겠다 하셨는데 책을 여러 번 읽고 분석해야 가능한 질문들을 몇 장에 걸쳐 빼곡하게 정리해 보내주셨다. 이

때 받은 질문지는 포맷마저 훌륭해서 지금도 북토크 때 참고해서 만든다.

8월 1일 화요일

엄지혜 작가님 만났다. 노트와 펜을 선물로 받았다. 한동안 열심히 브랜드를 준비하며 생각 정리하던 때 쓰던 노트와 같은 것이었다. 계산기와 아웃풋의 날들만 보내느라 생각할 틈도 없었는데, 새 노트를 받으니 무엇이든 적고 싶어 생각을 하기 시작했다. 도구가 행동을 일으키기도 한다.

당인리 책발전소 방문. 땀을 줄줄 흘리며 큐레이터님께 책 소개를 하니 "여름에, 힘드시죠…?" 하며 안쓰럽게 바라보셨다. 네… 쉽지 않네요. 책 입고는 내부 회의 후 연락 주시겠다 했다.

8월 2일 수요일

융지트에서 오전에는 장피디님 <사이드> 인터뷰 촬영. 오후엔 내가 <융니버스> 인터뷰를 했다. 퇴사 후 내 이야기를 이렇게 많이 한 건 처음이었다. 융 작가님의 질문이 멀리 과거로, 또 미래로 데려다주었다. 역시 질문의 힘은 강하다.

+ 장수연 피디 <SIDE> 인터뷰

+ 김보희 <융니버스> 인터뷰

8월 3일 목요일

대전에 있는 버찌책방에서 책 구입 문의를 주셨다. 책을 먼저 알아보고 이렇게 찾아주는 서점도 있다니. 용기가 생겼다.

예스24와 알라딘, 장부대조하고 계산서를 발행하라는데 어떻게 해야 할지 몰라서 아침에는 성경선배에게, 오후엔 조대표님께 도움을 청했다. 총정리해본 과정은 이랬다. 1) 서점 장부와 우리 장부 비교해볼 것 2) 틀리면 담당자에게 연락해서 수정할 것 3) 계산서 내용에 품목은 '도서', 수량과 단가는 안 써도 되고, 작성일자는 전월 말일자로, '영수' 아니고 '청구'로 체크해서 발행.

조대표님께 지난달 매출 장부를 보여드리니 1종 출판사인데 훌륭하다고 칭찬해주셨다. 대표님이 몇 살까지 책을 만들고 싶냐고 갑자기 물어보셨다. 우물쭈물하다가 일단은 60이라고 답했는데, 나 몇 살까지 책을 만들 수 있을까?

8월 4일 금요일

명함 케이스에 항상 들고 다녔던 전 직장 명함을 꺼내어 정리했다. 이제 이 명함이 없어도 되는 때가 온 것 같아서. 기분이 묘했다. 조금씩 진짜 독립하는 기분이다. 회사 이름 없이, 책 한 권 없이 활동하는 게 얼마나 어려운 일인지 절감한 시간이었다. 언젠가 '터틀넥프레스'라고만 해도 사람들이 알 수도 있는 날이 오기를. 아니, 내가 그렇게 만들어야지.

8월 5일 토요일

2회 차 코로나. 다음주 북토크는 어쩌라고.ㅜㅜㅜ

8월 7일 월요일

『기획하는 일, 만드는 일』 2쇄 발주했다. 2쇄라니. 2쇄라니. 코로나 2회 차는 안 아프다고 누가 그랬어. 해열제를 때려 먹으며 하루를 보냈다.

8월 8일 화요일

　땡스북스 첫 북토크. 나 없는 북토크. 민선배님과 령님이 도와주기로 해서 각종 준비물, 장피디님과 임현주 아나운서님께 드릴 편지를 챙겨 퀵으로 보냈다. 혹시나 바이러스가 묻어갈까 하여 마스크 끼고, 손 소독까지 하며 준비했다. 퀵이 떠나는 뒷모습을 보는데도 믿기지 않았다. 얼마나 기다렸던 첫 행사인데.ㅜㅜ 민선배님께 구글미트로 북토크 실황을 보여달라 부탁드렸더니, 화면을 천장뷰로 해놓으시곤 북토크에 푹 빠져 답이 없으시네. 결국 2시간 동안 땡스북스 천장을 보며 팟캐스트 듣듯 북토크를 시청했다. 무사히, 성황리에 잘 끝났고 피디님과 임현주 아나운서님과 통화하고 나니 또 한 번 안심했다. 가지 못해 너무 아쉽고 속상했지만, 에피소드 만든 거라 생각하자. 그런데, 에피소드 이미 너무 충분한 거 아냐?! 아우.

8월 9일 수요일

드디어 ○○에서 거래하자고 전화가 왔다. 다정한 목소리의 담당자님. 저 갔을 땐 잘 쳐다보지도 않았잖아요….

한수희 작가님의 편지. 원고는 수정 중이고 8월까지 마무리해보겠다 하셨다. 신이 나는데, 코로나가 차도가 없어 병원에서 약 다시 지어왔다. 기침 때문에 잠도 못 자겠다.

8월 10일 목요일

며칠간 일을 못 하니까 또 불안해진다. 민선배님께 또 하소연했다. 저, 이러다 망하지 않겠죠…? 선배님의 말씀. "로켓을 우주 궤도에 올리는 데는 일단 성공하셨으니, 어디까지 날아갈지 추진력을 넣어주는 싸움이 될 거예요. 지속적으로 하는 게 더 중요해요. 조급해하지 마세요." 그래, 할 일은 많다. 차근차근. 일단 낫는 게 먼저다.

8월 11일 금요일

휴대폰 액정이 갑자기 나가버렸다. 자기만의 방 때부터 터틀넥프레스까지 내 곁에 가장 가까이 있던, 수많은 순간을 함께한 친구가 은퇴했다. "그동안 고마웠어." 소리내어 인사했다.

8월 12일 토요일

요즘 일과 삶의 균형, '균형'에 대해 자주 생각했다. 사전적 의미는 "어느 한쪽으로 기울어지거나 치우치지 아니하고 고른 상태." 의미를 보고 나니 이게 가능한 상태인가 싶다. 어쩌면 균형은 '상태' 보다는 '기준'이 아닐까. 어느 한쪽으로도 기울어지지 않는 일은 불가능하고, 이리 기우뚱 저리 기우뚱 그럼에도 그 기준을 지키고 싶어 안간힘을 쓰는 것. 오랜만에 두통 없이 일어난 아침. 밥도 잘 먹고 잘 지냈다.

8월 14일 월요일

격리 후 첫 외출했다. <보름유유> 인터뷰. 코로나 후 체력이 훅 떨어져서 지하철 타고 이동하는 것도 힘들다. 내 몸 하나 끌고 걷는 게 이렇게 힘든 일인가, 하고 약속 장소에 갔는데 메밀씨(인터뷰어 민영 팀장님의 반려견)를 만났다. 충전 충전 완충. 민영 팀장님과 수다인지 인터뷰인지 모를 시간을 보냈다.

교보문고 지점별 재고를 확인해보니 A지점에 책이 서가에 꽂힌 걸 확인. 집에 오는 길에 바로 방문해 엠디님께 부탁드렸는데, 그 정도면 평대에 오래 머물렀던 거라고 하셔서 서가에서 구출하지 못하고 싹싹하게 돌아왔다. 속상하지만, 맞다. 오래 버텼다.

+ 유유 출판사 뉴스레터 <보름유유> 인터뷰

8월 17일 목요일

어젯밤 잠들기 전 이체하려고 보니 사업자통장에 큰 돈이 있었다. 3대 서점, 첫 정산 입금이다.ㅠㅠ 늘 개인통장에서 사업자통장으로 돈을 넣어서 결제했었는데, 잔액이 플러스인 사업자통장이라니. 잔액조회를 몇 번이나 새로고침해봤다.

얼마 전 에드워드 호퍼 전시에 갔을 때 가장 인상적인 작품은, 아내 조세핀의 그림판매 장부였다. 장부가 곧 작품 기록이기도 했다. 터틀넥의 과정도 남겨두면 미래의 나에게든 누구에게든 도움이 되지 않을까.

예스24 A엠디님과 서연님과 점심 먹었다. 새로 온 A엠디님, 너무 재밌어. 이야기하다가 갑자기 기획회의하고, 책 소개는 안 하고 왕창 수다 떨고 왔다. 나 이래도 되는 걸까.

8월 18일 금요일

교보문고 대구점에 POP 발송하고 책발전소 광교에 갔다. 자방 때부터 우리 책을 적극적으로 알려준 곳이었는데, 이제야 가봤다. 서점도 인상적이었지만, Y큐레이터님이 더 인상적이었다. 일을 좋아하고, 즐기는 사람 특유의 반짝이는 눈을 보았다. 이분과 일해보고 싶다는 마음이 퐁퐁 샘솟아서, 12월에 광교점에서 기획전 전시를 해보고 싶다고 질러버렸다. 12월의 내가 어떻게 하겠지.

8월 23일 수요일

너덜거리는 상태로 지하철에 앉아 있을 때 교보문고 대구점 L엠디님의 메시지를 받았다. 보내드린 POP와 손수 만든 POP까지 설치한 사진과 응원 메시지. 진심어린 응원이 휴대폰으로 전해졌다.

8월 24일 목요일

어제는 파주 에디터스쿨 발표하는 날. 아침에 눈을 떠 침대에 걸터앉았는데, 눈앞이 핑글핑글 돌았다. 1시간쯤 앉아 있으니 멀미하는 듯한 느낌은 있지만 일어설 수 있게 되어 폭우를 뚫고 파주행. 다행히 행사는 무사히 마쳤는데… 오늘 아침에도 핑글핑글 돈다. 병원의 진단은 급성 전정신경염. 면역력이 약해지면 전정신경에 바이러스가 침투해 평형감각을 잃게 하는 거라고. 약 먹으며 걷고, 쉬는 수밖에 없단다. 선배들 말이 1인출판인들이 이가 빠질 만큼 스트레스를 받고 모두 병 하나쯤은 얻는다고들 했는데 나도 별수 없구나.

최혜진 작가님이 안부를 물으시며 책 일정을 미루는 게 어떤지 물으셨다. 너무 무리하지 않고, 행복하게 단단한 책을 만들자고. 일정에 허덕이느라 숨이 찼는데, 잔뜩 긴장했던 어깨가 스르르 내려왔다. 행복하게, 단단한 책. 그러려고 출판사도 시작한 건데. 자꾸 잊는다.

8월 25일 금요일

알라딘에서 이벤트에 참여하겠냐는 단체 메일이 올 때마다 죄송하지만 이번에는 참여하지 못합니다, 정중히 답장을 보내곤 했는데 K엠디님이 매번 답장 안 해도 된다고 답장을 주셨다. 그런 거였구나. 하하하. 부끄럽다.

한 달 만에 <일희일비 기준표>의 기준을 하향 조정했다.

8월 26일 토요일

터틀넥프레스 인스타그램 팔로워 700명!

8월 31일 목요일

잠결에 문득 아무것도 하지 않고 책이 팔리기만 기다려선 안 된다,라는 목소리가 들렸다. 뭐야, 누구야. 눈만 뜨고 누워서 생각했다. 회사에 다닐 때 신간 홍보 루틴에 따라 했던 일들. 그건 그때의 방식이고, 지금은 지금에 맞는 방식을 찾아야 한다. 다시 시작하자. 하나를 하고, 하나를 기다리기. 뭘 해야할지 막막할 땐 인스타 스토리라도 하나 더 올리자.

저녁에 자방이들을 만나 사업소득으로 냉삼을 샀다. 고마운 사람들에게 내가 책을 판 돈으로 밥을 사는 거 행복했다. 소고기를 살 날도 오기를. 나란히 서서 슈퍼블루문을 올려다보며 소원을 빌었다.

9월 1일 금요일

스튜디오 고민님들과 저녁. 어제에 이어 사업소득으로 은혜 갚는 날. 돈 잘 벌어서 은혜 잘 갚는 희가 되고 싶다.

9월 2일 토요일

윤주를 만났다. '미지근한 인생'에 대해 이야기하다가, 미지근한 인생을 살고 싶어서 매일 작은 일들을 꾸준히 기록하고 있다 했더니 "그것도 너무 뜨거워"라고 했다. 그리고 보니 그럴 수도 있겠다.

미지근한 인생을 살고 싶다. 오래 지치지 않고 계속할 수 있을 것 같아서. 너무 뜨거워지면 번아웃이 오고, 차가워지면 의욕을 잃는다. 잔잔하게 매일을 살아가는 것. 지속 가능한 것. 오래 계속하려면 어떻게 해야 하는 걸까?

9월 4일 월요일

계산서 발행과 원천세의 날이 돌아왔다. 한 달 왜 이리 빨리 가. 여전히 입으로 소리 내어 숫자를 입력하고 계산서 항목을 채워넣기는 하지만, 이제 자신 있다!

9월 5일 화요일

『기획하는 일, 만드는 일』 인덱스숍 북토크. 비가 많이 와서 걱정했는데, 다행히 많이 와주셨다. 책 나온 지 두 달째. 터틀넥프레스의 페이스대로, 꾸준히 책을 알려야지.

9월 7일 목요일

『에디토리얼 씽킹』 원고 연구 중. 와, 너무 재밌어.

땡스북스에 12월 북토크를 미리 잡아두었다. 알라딘 K엠디님께 알라딘 펀딩도 문의했다.

9월 8일 금요일

못하는 걸 못하는 상태를 즐긴다면 어떨까. 못한다는 건 앞으로 더 나아질 일만 있다는 거잖아. 지금보다 더 익숙해질 일만, 능숙해질 일만 남았다는 거. 비록 정말 잘하게 될지는 모르겠지만.

알라딘 K엠디님께 답장이 왔다. 최혜진 작가님이 그동안 이야기해오던 방향과 달라서 "특히 궁금하고 기대된다" 하셨다. 여름의 이야기가 현실이 되네.

9월 10일 일요일

두 달간의 판매 흐름을 보며 발견한 신기한 점들. 비가 오거나 날씨가 안 좋은 날은 판매부수가 떨어진다. 요일로 보자면 주말에는 떨어지고, 월요일에 다시 좋아진다. 언젠가, 판매 부수에 0으로 찍히는 날도 오겠지. 그래도 너무 아파하지 말자. 책의 사이클이니까.

9월 13일 수요일

『기획하는 일, 만드는 일』3쇄 발주. 물류 대표
님께도 소식을 전했다. 함께 기뻐하시며 이런 말씀
을 해주셨다. 이 어려운 때(늘 출판은 어려웠지만) 첫 책
이 좋은 반응이 있는 건 일단 책이 좋아야 하고, 그
다음은 주변 사람들 덕분이라고. 작가님과 대표님
이 그간 덕을 많이 쌓았나봐요, 하신다. "쌓은 덕이
아니라, 앞으로 갚아야 하는 덕이에요" 답하자 크게
웃으셨다. 은희 리스트가 세 페이지로 늘었다.

한수희 작가님이 수정한 전체 원고가 들어왔다.
내 손에, 드디어, 원고가, 쥐어졌다.

9월 15일 금요일

"많이 바쁘지?" 대신 "많이 힘들지?"라고 누군가 물어봐주면 좋겠다.

9월 18일 월요일

일이 너무 많다. 사업'만' 하는 것과 다른 일로 돈을 벌며 사업을 하는 것은 하늘과 땅 차이구나.

🐢터틀넥프레스의 수입만으로는 월급을 만들 수 없어서 책 만드는 일은 물론이고 완전히 다른 일들도 하며 수입을 만들었다.

2023

9월 20일 수요일

점심에 파주 유유에 다녀왔다. 영씨와 민영 팀장님이랑 『첫 책 만드는 법』 마케팅 회의를 했다. 늘 나는 건너편에 있었는데. 편집자가 아닌 저자로서 앉아 있는 게 어색했다.

오늘 마음에 새긴 조대표님의 한마디. "에너지의 한계가 있다는 걸 잊지 마세요."

9월 21일 목요일

『기획하는 일, 만드는 일』 한겨레 미디어 아카데미 특강. 책을 만들며 꼭 만나고 싶었던 독자 그룹 중 하나가 피디를 준비하는 분들이었다. 오늘, 꿈을 이뤘다. 특강 후 피디님들과 이런 얘길 나누었다. 이 자리에 함께한 분 중 엄청난 피디가 될 분이 분명 있을 거다. 그분에게 오늘이 용기가 되었기를. 아, 오늘 본 노을 끝내주게 예뻤다.

9월 22일 금요일

『우리는 나선으로 걷는다』개정판과 『에디토리얼 씽킹』을 동시 진행해야 하는 일정이어서 디자인 스튜디오를 나누기로 했다. 『우리는 나선으로 걷는다』는 스튜디오 고민과, 『에디토리얼 씽킹』은 다른 디자인 스튜디오와 작업해보기로 한 것. 그동안 눈여겨보고 있었던 '알트 스튜디오'에 제안 메일을 보냈다.

9월 23일 토요일

뒷모습이 엄마와 비슷한 사람을 보았다. 나, 엄마 보고 싶은가본데? 나, 힘든가본데?

9월 24일 일요일

안산 마을상점 생활관 북토크. 장수연 피디님과 강인 피디님도 함께하셨다. 땡스북스, 인덱스숍, 한겨레, 그리고 벌써 네 번째 북토크. 북토크가 여러 번이면 같은 말을 반복하게 되는 것은 아닐까 싶었는데, 공간마다 나누는 이야기가 늘 다르다. 오후에 시작된 이야기가 밖이 어둑해질 때까지 이어졌다. 생활관에서 진행된 북토크 중 가장 길었다고. 오늘의 밑줄.

"기획은 동사다. 영감도 동사다."

장수연 피디님

"좋은 대화에서 영감을 받는다. 때문에 동료가 중요하다."

강인 피디님

9월 25일 월요일

　은행에 가서 스튜디오 고민님들께 작업비용을 이체했다. 한도 때문에 내일 또 은행에 가서 이체해야지만, 어쨌든 터틀넥프레스로 첫 입금. 스고님들께 소식을 알리니 돈가스 사 먹어야겠어요! 하신다. 또 하나의 기쁜 소식. 드디어 이체한도 상향 조정! 모바일에서 30만 원이었던 것이→150만 원으로. 창구에서 100만 원이었던 것이→500만 원으로. 경축이다!

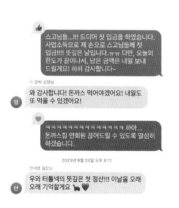

9월 27일 수요일

좋은 대화란 무엇일까?

9월 28일 목요일

SCM에 판매가 0인 날들이 생기고 있다. 일희일비. 완전히 극복하지 못했지만 숫자 때문에 하루를 망치지 않는다. 지금 내가 할 수 있는 것에 집중하기. 할 일을 해나가면서 부지런히 책을 쌓아가기. 그 과정의 기쁨을 흠뻑 느끼고 누리자. 내가 언제 또 이런 성장의 기쁨을 누릴 수 있을까.

부모님 댁에 가는 기차에서 한수희 작가님 원고를 읽었다. <지니어스>의 퍼킨슨 같은 그림을 상상했지만 명절의 새마을호는 번잡하고 창밖의 가을은 아름다워서 집중할 수 없었다.

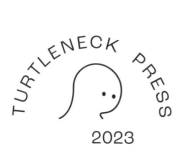

TURTLENECK PRESS

2023

*P적: MBTI 유형 중 'P가 일으키는 기적'을 의미함. 벌여놓은 일을 수습할 때 안 될
것 같아 보이는 일도 결국 기적처럼 해내는 사례를 보고 동료인 현님이 지은 말.
유의어로는 스튜디오 고민 안서영 실장님이 작명한 'P라클(P+미라클)'이 있음.

4분기

진짜로 일어날지도 몰라 P적*

주요 사건
- 『에디토리얼 씽킹』알라딘 북펀딩
- 『오늘도 우리는 나선으로 걷는다』
  『에디토리얼 씽킹』출간
- 에세이 분야 데뷔
- 『에디토리얼 씽킹』예술 분야 1위
- J 작가님, 장은교 작가님 계약
- 『인터뷰하는 법』원고 집필 시작
- 책발전소 광교 기획전시 오픈
- 최초의 서점 직접 배송
- 최초의 에세이 분야 오프라인 광고
- 채널예스 책읽아웃 '오은의 옹기종기' 출연

TURTLENECK

10월 3일 화요일

늘 이런 식이었지. 아직 1일이네, 하고 나면 금방 2일, 3일이라고?! 긴 연휴의 끝.

일정표를 짜다가 두려워졌다. 11월 알라딘 펀딩, 12월 총 2종 출간, 책발전소 광교 기획전. 이 일정, 어쩌려는 셈인가. 으아아아아아아아. 고민한들 해결될 것은 없으니 그냥 가보련다. 어떻게 또 울며 해내겠지.

🗨️ 이날 밤, 엘리베이터가 추락하는 꿈을 꾸었다.

10월 4일 수요일

아침에 한수희 작가님과 제목 고민. "우리는 나선으로 걷는다"를 살리면서도 새로 출간한 책임을 전할 방법이 뭘까.

『여전히 우리는 나선으로 걷는다』

『오늘도 우리는 나선으로 걷는다』

작가님이 '여전히'는 어쩐지 구차한 느낌이 든다고.ㅋㅋ 일단 '오늘도' 쪽으로 가보기로 했다.

오후에 스고님들 만나서 디자인 의뢰…는 아주 짧게 이야기 나누고 또 왕창 수다. 실장님들과 엔프피의 특징에 대해 이야기 나누다가, 요즘 내가 내향성이 높아진 거 같다고 말씀드리니 영하 실장님이 담담한 표정으로 "내향인이었다면 여기 올 생각도 안 하십니다"라고 하셨… 하하하하하.

돌아오는 길에 비가 엄청 내렸다. 지하철에서 실장님들과 대화를 떠올리다가 힘들지만 출판사 하기를 잘했다고 여러 번 생각했다. 만들고 싶은 책들을 좋아하는 사람들과 만든다. 몸만 따라와주면 참 좋을 텐데. 체력이 훅훅 떨어진다.

10월 6일 금요일

스튜디오 알트 미팅. 새로운 디자인 스튜디오와의 작업은 정말 오랜만이다. 『에디토리얼 씽킹』 원고는 이미 보내드렸어서 디자인 이야기는 빨리 끝내고 이것저것 여쭈다가 두 분의 실장님이 함께 일하게 된 계기를 들었는데 재밌었다. 언젠가 두 분처럼 동료를 만나 함께 일할 수 있다면 참 좋겠다.

저녁에 J를 만났다. 한여름 불볕 더위에 은행에 찾아가 마통을 만들어준 은인. "실은 나도 쫄렸어"라는데 고맙고 미안했다. "나, 잘해볼게." 다짐 같은 약속을 했다.

10월 7일 토요일

또 턱이 아프고, 열이 나서 이비인후과에 갔다. 전정신경장애, 삼차신경통. 낯선 병명들. 계속 아프니 속상하다.

10월 8일 일요일

약을 먹으니 온종일 잠이 쏟아졌다. 꿈에 큰 바다를 보았다. 거북이 두 마리와 돌고래들도 보았다. 『오늘도 우리는 나선으로 걷는다』 파일 교정 끝냈다. 작가님께 토스!

10월 9일 월요일

계산서의 날이었다. 원천세를 잘못내서 수정해야 했는데, 도통 모르겠다. 아니, 왜 이렇게 용어들이 어려운 거야. 국세상담센터에 전화해서 상담했는데, 알고 보니 너무 쉬운 거였다. 상담원분 너무 친절해서 큰절 올리고 싶었다.

☞ 국세상담센터 126번. 정말 친절하게 잘 설명해주십니다. 저 같은 분들은 두려워 말고 전화해보세요.

2023

10월 10일 화요일

　『첫 책 만드는 법』이 출간되었다고 영씨에게 연락이 왔다. 영씨가 올해 만든 책 중 버팀목 같은 책이었다며, 다른 편집자들에게도 버팀목이 되면 좋겠다는 소회를 전했다. '버팀목.' 나도 선배들의 도움을 버팀목으로 책을 만들어왔다. 이 책이 그런 역할을 해줄 수 있다면 너무 기쁠 것 같아.

10월 13일 금요일

《매거진 B》 김명수 대표님께 『에디토리얼 씽킹』 가제본을 보내드렸다. 추천사를 부탁드리는 메일 답장에 "터틀넥프레스의 귀여운 이름과 로고가 인상적이네요!"라고 말씀해주셨는데, 어쩐지 그냥 내 멋대로 《매거진 B》에 인정받은 것 같아서 기분이 좋았다. 언젠가 터틀넥프레스가 《매거진 B》에 등장하는 브랜드가 될 수도 있지 않을까. 그런 상상까지 다녀왔다.

'우아한 형제들' 한명수 CCO님의 답장도 왔다. 밖에서 일하다가 너무 크게 웃어버림. <무한도전>에서 보았을 때도, 얼마 전 북토크 후기들을 보면서도 재밌는 분이라고는 생각했는데, 아니… 이메일이 이렇게 웃길 일인가.

🗨 이후에도 두 분과 연락을 주고 받는 과정만으로도 배웠다. 김명수 대표님은 『에디토리얼 씽킹』 가제본을 받으셨을 때부터 훗날 『인터뷰하는 법』을 읽은 후에도(내돈내

산) 고요하면서도 힘 있는 응원을 해주셨다. 한명수 CCO 님은 메일이 하나의 짤과 같았다. 정말, 정말 재밌다. 그런데 그냥 재밌기만 한 게 아니라 그 안에 전하고 싶은 말과 마음이 다 담겨 있다는 게 킥이다.

회사를 떠날 때 혼자 일하면 좁은 세계에 갇히지 않을까 하는 우려도 했다. 어쨌든 매일 출퇴근하며 주변을 보고, 우리 팀은 물론이고 다른 팀 동료들과도 소통을 하고, 그러면서 배우기도 하고 알게 되는 것들이 많았으니까. 그런데 기우였다. 어떤 면에선 짧은 인연이든 긴 인연이든 더 많은 세계를 만나게 되었다.

10월 15일 일요일

딱 2년 전 오늘이다. 최혜진 작가님이 독립하면 개업선물로 원고를 주겠다고 말씀하셨던 날. "저 회사 잘 다니고 있는데요?!"(라고 했지만 무척 힘든 시기였지) 하고 깔깔 웃었지만 너무 감사해서 좀 울컥했었다. 무작정 개업선물을 주신다니 그만큼 신뢰해주시는구나 싶어서.

그땐 상상도 못했다. 정말 그 개업선물이 책이 될 줄은.

💬 『에디토리얼 씽킹』이 바로 그 개업선물 원고다. 2021년 가을, 최혜진 작가님이 독립해 아장스망을 시작한다고 근황을 알려주시며 갑자기 독립과 개업선물 이야기를 꺼내셨다. 출판사 등록을 마음 먹기까지 오랜 시간이 걸렸지만, 그럼에도 시작할 수 있었던 건 믿고 원고를 맡겨주신 작가님들 덕분이다.

10월 17일 화요일

장은교 작가님과의 첫 만남. 설레며 여유 있게 집을 나섰는데, 지하철 문에 가방 끈이 껴서 내리지 못하고 홍대역까지 다녀오느라 결국 늦었다. 하아.

첫 만남인데 이야기가 끊이지 않았다. 공통점이 많아서 이런 게 거울치료인가 싶었다. 작가님이 휴대폰에 담아놓은 다섯 개의 기획안을 보여주셨다. 하나같이 다 재밌다. 꼭 만들고 싶었던 인터뷰 책부터 시작해 전부 만들자고 호기롭게 말씀드렸다.

10월 18일 수요일

　『오늘도 우리는 나선으로 걷는다』인용문 정리와 컨택포인트 정리,『에디토리얼 씽킹』원어병기와 사실 확인 과정을 솔님께 맡기기로 했다. 함께하는 사람이 한 명 더 있다는 건 이렇게 큰 거였구나. 자방 팀원들이 보고 싶었다.

　『에디토리얼 씽킹』펀딩 리워드 선물을 무엇으로 할지 연구. 어쩌면 내 욕심 때문에 어렵게 생각했는지도 모르겠다. 다시 원점으로 돌아와 독자들에게 필요한 게 무엇일까 고민했다. 번쩍 떠오른 게 정리해둔 요약본이었다. 그걸 엽서 형태로 만들면 어떨까. 내일 미팅에 가져갈 샘플을 급히 만들어봤다.

🗨 『에디토리얼 씽킹』편집 과정 초반에 각 챕터의 요약 정리와 '에디토리얼 씽킹을 습관으로 만들려면'이라는 코너를 넣었다가 작가님과 상의 끝에 뺐다. 그 내용을 리워드 선물로 만들기로 했었다.

10월 19일 목요일

알라딘 K엠디님 미팅. 리워드 선물, 오케이! 후원자 이름을 기재한 엽서 디자인은 심플하게 하는 게 좋다고 조언해주셨다. 이유는, 생각지도 못한 다양한 이름이나 문구가 등장할 수도 있기 때문. 하하. 어떤 이름들이 등장할지 궁금하다.

◯『에디토리얼 씽킹』후원자 리스트의 첫 이름은 'F를 이기는 T'였다.

10월 20~23일 금~월요일

금오도 3박 4일. 구락회 6인과 봄부터 계획해두었던 여행이었다. 이 무렵이면 좀 한가하지 않을까 했는데, 뭔 소리야. 떠나기 전날엔 밤을 샜고 KTX로 이동하는 내내 일했다.

3년 만에 다시 만난 금오도는 여전히 좋았다. 늘 이시우 씨와 둘만 섬에 왔었기에 섬이 처음인 사람들을 이끌고 괜찮을까 싶었는데, 3박 4일간 좋지 않았던 순간이 없었다. 함께 있는 내내 무용한 일들만 했다. 멍때리기, 걷기, 보드게임이나 제기차기, 고양이랑 놀기, 질릴 때까지 별 보기, 꾸준히 술 마시기. 퇴사할 때 분기별로 섬에 갈 거라고 떠들고 다녔는데 욱희선배가 만날 때마다 놀린다. 흥.

이번에도 숙소 사장님(아버님, 어머님)들의 보살핌을 받으며 마음놓고 지냈다. 떠나는 날, 어머님이 손을 꼭 잡으며 말씀하셨다.

"서울 가서 열심히 일하다가 쉬고 싶을 때 또 오세요."

쉬고 싶을 때, 힘들 때, 돌아갈 곳이 있다. 그것만으로 이미 든든하다.

○ 구락(狗樂)회는 출판인과 작가로 구성된 모임이다. 모두 개를 좋아한다.

10월 23일 월요일

　서울로 돌아오던 길, 『첫 책 만드는 법』이 교보문고 '오늘의 선택'에 선택되었다고 연락이 왔다. 내가 만든 책이 탑북이 되었을 때 단 1초만에 기쁨이 몰려왔는데, 내가 쓴 책이 탑북이라니 어리둥절함이 먼저 왔다. 선서회의에 이 책이 언급되었다는 것부터 놀랍고 이상했다. 영씨가 하는 말이 편집자 저자들이 보통 내가 쓴 책보다 내가 만든 책이 잘 나가는 게 더 좋다고들 하는데(나도 그렇다), 편집자 선배들이 쓴 책이 주목받으면 뭉클하단다. 편집자들의 책을 만드는 편집자의 마음은 또 다르겠구나 싶다. 서점에 들어갈 때마다 『첫 책 만드는 법』 표지가 보이는 게 비현실적이다.

　○ 교보문고 '오늘의 선택', 예스24 '오늘의 책', 알라딘 '편집장의 선택'을 탑북이라고도 부른다. 인터넷서점 메인 페이지, 가장 잘 보이는 곳에 위치하기 때문에 출판사들은 새 책이 나왔을 때 탑북으로 선정되기를 간절히 바란다.

10월 25일 수요일

　언노운북스 페스티벌 큐레이터로 참가. 한수희 작가님과 함께 헌책방에 갔다. 헌책방은 정말 오랜만이었다. 추억 속의 책들, 작가들의 이름을 보며 감탄하기도 키득거리기도 하다가 작가님이 서가를 올려다보며 이런 말씀을 하셨다. (기억나는 대로 써보면) "90년대에 난다 긴다 하던 이 작가들은 다 어디로 갔을까요? 책들을 보니 이게 목표가 되어선 안 되겠다는 생각이 들어요. 지금 즐거운 게 더 중요해요."

　맞다. 이게 목표가 되어서는 안 된다.

10월 26일 목요일

오늘은 생일이었고, 종일 교정을 보았고,『오늘도 우리는 나선으로 걷는다』발췌 인용 허락을 구하기 위해 출판사들에 공문을 돌리고 돌렸다.『에디토리얼 씽킹』은 펀딩 소개 페이지에 최종 표지를 넣기는 어려울 것 같다. 쫄리고 또 쫄리다가 K엠디 님께 양해를 구했다. 오픈하는 날까지만 보내드리면 되고, 출간할 땐 바뀌어도 된다 하셔서 한시름 놓았다. 스튜디오 알트에 제목, 영어제목, 부제, 저자명, 출판사 이름만 있는 가표지를 요청드렸고 바로 작업해주심. 저녁 늦게 펀딩용 상세페이지 극적으로 완료.

10월 27일 금요일

마침내 알라딘 펀딩 준비 끝. 종일 씻지도 못하다가 저녁에 마을버스 타고 영등포 아트홀, 최백호 선생님 콘서트. 등장부터 눈물을 줄줄 흘렸다.

10월 30일 월요일

알라딘 북펀드 시작. 어쨌든, 시작했다.ㅜㅜㅜ 아랍에미리트로 떠나는 최혜진 작가님과 이륙하기 직전까지 메시지 주고 받음. 비행기에서 저자 교정 보기로 하셨다.

한수희 작가님의 『오늘도 우리는 나선으로 걷는다』 프롤로그, 장은교 작가님의 『인터뷰하는 법』 프롤로그가 들어왔고 ⏳ 작가님과 계약했다. 오늘, 길일인가?

10월 31일 화요일

아침에 동인천에 가서 한수희 작가님 만나 저자 교도 받고, 의논도 하고, 빵도 먹고, 수다도 하고. 점심에는 정승님 만나러 합정역. 5번 출구로 나와 두리번거리니 케이크를 들고 나타난 정승님.『첫 책 만드는 법』출간 축하 서프라이즈였다. 책 만드느라 정작 내 책은 제대로 봐주지도 못했는데, 이렇게 축하를 받는다.

『에디토리얼 씽킹』알라딘 펀딩은 하루 만에 목표를 넘었다. 펀딩했다며 응원해주는 사람들의 메시지에 오랜만에 긴장을 풀었다. 이 마음들 잊지 말고 조금 더 버텨보자. 최혜진 작가님이 <듄> OST를 틀어놓고 저자 교정을 보셨다며 호텔 밖 풍경 사진을 보내주셨다. 샤르자에서 교정이라니. 책 만드는 거 참 쉽지 않다. 하하.

🗨 『에디토리얼 씽킹』을 작업하는 동안 최혜진 작가님에게 수많은 일이 있었다. 업무도 많았고, 일상에도 여러 일

이 있었다. 그럼에도 마감 한 번 어기지 않았던 작가님. 에디터 20주년 기념 책이라는 것도 중요했지만, 그 시기를 건너며 쓰고 만드신 책이라는 걸 알기에 더 책임감을 갖게 되었다.

11월 1일 수요일

얼마전부터 오른쪽 아랫배가 콕콕 찌르는 듯한 증상이 있었는데, 어젯밤 열이 38도에서 떨어지지 않아 애먹었다. 병원에서는 충수염 증상인데, 눌러보면 또 아닌 것 같다는 애매한 답.(무슨 말이죠?) 일단 약 먹고 지켜보자해서 약도 먹고 쉬어봤는데, 별 소용이 없다. 뭐지.

11월 2일 목요일

『첫 책 만드는 법』땡스북스 북토크날. 진행자가 아니라, 인생 최초 저자로 북토크하는 날. 오른쪽 아랫배의 통증이 더 심해졌다. 동네 병원에서는 응급할 수 있으니 응급실에 가라 해서 제발로 아침부터 찾아갔다. 그러나 응급실은 그다지 응급하지 않았고 CT를 찍고 각종 검사를 하고, 응급하지 않은 환자들 사이에서 누워 멀뚱멀뚱 병원 천장만 몇 시간을 바라봄. 늦은 오후, 검사 결과가 나왔다. 이상 없음. 아니, 이렇게 아프고 열이 나는데 이상이 없다고요? 더 자세한 것은 각 과에서 검사를 진행해봐야 안다고. 의사가 "응급실까지 왔는데 통증은 없이 나가셔야죠" 하며 진통제 두 방을 놔주고는 뽀로로 반창고를 붙여줬다.

그렇게 하루를 보내고 달려간 땡스북스에서의 북토크는 그저 내내 행복했다. 사랑하는 현님과 령님과 함께 북토크를 하는 날도 오는구나. 생각지도 못했던 축하들도 받았다. 전 직장 동료들, 밀미 메이트들, SBI 학생들, 편집자 동료들, 협업했던 담당자님들, 인친, 그리고 책으로 만나온 독자들까지. 책이 나온다고 해서 세상이 변하지 않는다고, 그대로라고 말하곤 했는데 오늘 알았다. 단 한 번뿐인 소중한 순간을 쌓게 된다는 것. 그것 또한 책 출간의 중요한 부분이라는 걸 깨달았다. 그리고 그런 순간을 더 쌓으려면, 건강해야 한다.

11월 6일 월요일

비바람 불던 날. 온종일 교정.

한 달 뒤로 다가온 책발전소 광교 기획전 준비도 시작해야 한다. 큐레이터님께 이전 기획전들 자료 요청드렸다. 과거의 나야, 어쩌려고 이 모든 일을 다 시작해놓은 거니.ㅜㅜㅜ

11월 7일 화요일

마감. 마감. 새벽까지 교정. 어마한 날들이 이어지고 있다. 이 시기를 잘 보낼 수 있을까.

11월 8일 수요일

지금 시간은 목요일로 넘어가는 0시 51분. 그렇게 일해놓고도 또 뭔가 더 할 수 있는 일이 있지 않을까 생각하고 만다.

11월 9일 목요일

사적인서점 북토크. 계속 잠도 못 자고 일한 터라 버벅거리면 어쩌나 싶었는데, 지혜님의 진행에 기대어 무사히 마쳤다. 멀리서부터 축하해주러 파주까지 와준 친구들. 꼭 기억하자. 축하는 아낌 없이 하는 것. 오늘은 잠을 좀 자자.

11월 10일 금요일

교정지 출력하러 집 근처 출력실에 갔다가 돌아오던 길, 가을날이 좋아서 기분도 좋았다. 뻥튀기 한 봉지를 사서 달랑달랑 흔들며 돌아오던 발걸음. 올가을 최고의 순간 중 하나다.

뻥튀기 봉지를 흔들다가 문득 떠오른 생각. 터틀넥 유니버스 북토크는 어떨까? 장수연 피디님과 최혜진 작가님이 함께하는 북토크 같은 것.

🗨 뻥튀기 봉지를 흔들며 떠올린 생각은 2024년 5월 현실이 되었다.

11월 11일 토요일

일. 일. 일. 외출했다가 오후에 돌아온 이시우 씨가 나갈 때와 똑같이 앉아 있는 나를 보고는 외투도 벗지 않고 베란다로 나가 블라인드를 열어주었다.

"밖에도 좀 보며 일해. 햇빛이 좋아."

11월 12일 일요일

『기획하는 일, 만드는 일』이 유통 라인을 타고 서점에 깔리는 게 목표였다면, 『에디토리얼 씽킹』은 알라딘 펀딩을 경험하는 것이 목표였다. 『오늘도 우리는 나선으로 걷는다』는 무엇이 목표일까 곰곰 생각해보니 '터틀넥프레스의 에세이 분야 데뷔'다. 신인으로 에세이 분야 엠디 미팅부터 다시 시작해야 한다.

11월 13일 월요일

함께 일을 시작할 때 가장 먼저 할 일은 '언어 통일'이 아닐까. "심플하다"라는 심플한 표현도 사람마다 다르고, 상황마다 다르다. 같은 목표를 바라보고 있다 해도, 함께 가는 길에서는 같은 언어를 쓰는 게 중요하다는 걸 깨달았다.

11월 17일 금요일

종이값이 또 오른다는 연락을 받았다.

11월 19일 일요일

오늘도 집에서 교정지와 함께 보냈다. 책을 만들며 얼마나 많은 선택과 결정을 하게 될까? 요즘은 밥 먹을 메뉴 선택하는 것도 피하고 싶다. 최혜진 작가님이 메일에 "이렇게 조금씩 완성을 향해 나아가고 있네요"라고 하셨는데, 그 문장이 오늘을 다 독여줬다. 책발전소 광교에 기획전 큰 틀을 짜서 전달했다.

11월 20일 월요일

두려워했던 11월이 가고 있다. 하루하루 살아낸다는 기분으로 어찌어찌 간다. 매일 생각한다. 나, 베테랑이었네. 이걸 해내고 있네. 장하다. 끝이 보이니 조금만 더 가보자.

11월 21일 화요일

『오늘도 우리는 나선으로 걷는다』 마감. 끝났다. 진짜.

마감하다가 이 문장에 잠시 머물렀다. "내가 글을 쓰는 이유는 돈을 벌기 위해서이기도 하지만, 사실 그보다 더 큰 이유는 사람들에게 말을 걸고 싶어서다."(266쪽)

책 만드는 마음도 같다. 편지 같은 책을 만들고 싶다 말했는데, 요즘 바쁘다 바빠 하느라 잊고 있었다. 고운 편지를 쓰는 마음으로, 마지막까지 최선을 다하자. 편지 받는 분들이 좋아했으면 좋겠다.

11월 22일 수요일

『오늘도 우리는 나선으로 걷는다』인쇄 감리보러 파주. 감리 보는 중간중간『에디토리얼 씽킹』마감. 지옥불처럼 끓는 11월을 보내며 손에 꼭 쥐고 있는 문장.

"인간의 개성은 타인과 내가 부딪치는 경계에서 마찰흔처럼 드러난다."

한수희,『오늘도 우리는 나선으로 걷는다』

저녁에 모쿠슈라 작업실에 민, 현, 령님과 모여 광교점 기획전 아이디어 회의. "나 이거 할 수 있을까…" 하고 한숨을 쉬었더니 현님이 그랬다. "P적(P의 기적)이 일어날 거예요." 맞다. 어떻게든 해냈어.

11월 23일 목요일

오늘은 『에디토리얼 씽킹』 인쇄 감리. 가제본을 품에 안고 돌아왔다. 책이 나올 거라는 게 믿기지 않는다. 이 힘든 구간이 끝나리라는 것도.

11월 24일 금요일

마감이 끝났지만 바로 책발전소 기획전 준비로 넘어가야 한다. 쉴 틈이 없네.

5060 커뮤니티 관련 기사를 읽다가, 거북목 멤버들과 같이 나이 들어가는 것에 대해 생각했다. 함께 나이 들어가는 친구. 우리는 함께 무얼 할 수 있을까.

11월 27일 월요일

펀딩이 끝났다. 후원자 총 304명. 펀딩 금액 5,472,000원. 알라딘에서 펀딩 후원자 명단을 보내 주셨다. 낯익은 이름들도 많이 있었다.

광교 기획전을 위한 각종 출력물 등 제작 맡겼다. 또 한 고비 넘었다.

11월 28일 화요일

장은교 작가님 계약식. 먼저 두 권의 책을 함께 하기로 했다. 여전히 불안하고, 내년의 터틀넥프레스가 어떤 모습일지 모르겠지만, 계약서가 터틀넥의 내년과 내후년을 듬직하게 지켜주는 듯하다.

성수 성원애드피아에 『에디토리얼 씽킹』 리워드 카드 픽업하러 다녀옴. 집에 오자마자 큰 테이블 하나를 작업대로 만들고 포장 시작. 생각보다 시간이 더 걸릴 것 같다. (지금 시간 새벽 2시) 이 와중에 아랫배 통증이 다시 시작됨. 속까지 울렁인다. 큰일이다. 책에 리워드까지 랩핑해서 1일까지 입고시켜야는데.ㅜㅜ

🗨 펀딩해준 분들이 받았을 때 특별한 기분, 정성이 느껴지는 포장이면 좋겠다 싶어 어려운 길을 택했다. 그래서 손이 더 가고, 예상 시간보다 훨씬 오래 걸리게 되었다.

11월 29일 수요일

오전 6시부터 포장 작업 다시 시작. 오후 2, 3시면 끝나지 않을까 싶었는데, 그럴 기미가 안 보였다. 350개 정도는 이전에도 여러 번 포장해봤으니까 쉬울 줄 알았다. 팀에서 같이 하면 서너 시간이면 끝났으니까. 너무 얕봤다. 아랫배는 계속 아프고, 포장은 끝이 없고. 박물관에 간 이시우 씨에게 얼른 집에 와 달라고 전화했다. 헐레벌떡 돌아온 이시우 씨를 보자마자 눈물이 터졌다.

🗨 결국 포장은 20시간 정도 걸렸다.

11월 30일 목요일

아침 일찍 다마스퀵을 불러서 리워드들을 제본소로 보냈다. 차가 보이지 않을 때까지 그 자리에 서 있었다. 뿌듯하기도 하고, 홀가분하기도 하고, 허탈하기도 하고.

물류에도 책이 입고되었다 해서 다마스퀵으로 받기로 했다. 물류 대표님께 퀵 비용은 월정산 때 함께하면 되냐 여쭈니 "신간 홍보 잘하시라고 제 개인이 부담하오니 편하게 생각하세요"라는 답장이 왔다. 대표님, 성공해서 은혜 갚겠습니다.ㅜㅜ

지난 번 응급실에서 연결해준 소화기내과 진료를 보러 갔다 오니 책이 도착해 있었다. 어떻게 지나갔는지 기억도 안 나는 지난 두 달. 장하다. 하지만 감격도 잠시, 책이 나왔으니 다음 할 일들이 우루루 떠오른다. 먼저, 엠디 미팅 예약 잡기. 예스24, 알라딘은 예약 시스템으로 하면 되는데 교보문고는 아리송하다. 첫 책 때는 교보문고 본사에 신규거래 신청하러 갔다가 얼결에 담당 피엠님을 만났던 터라,

평소엔 어떻게 해야 하는지는 모르겠다. 유유 민영 팀장님께 이것저것 여쭈고 가르침을 받았다.

　· 교보문고 본사 구매팀 : 월~금요일 13~16시 사이 미팅 가능. 예약제가 아님. 구매담당자님께 미팅 당일 오전이나 하루 전날 전화해서 미팅날을 말씀드리고 휴가인지 자리에 계시는지 확인할 것. 그리고 당일에 가서 눈치로 미팅 순번을 확인하고, 담당자님 앞자리를 주시하다가 내 앞 차례 미팅 중인 분이 일어나면 자리로 가면 된다. 눈치게임이다.
　· 교보문고 인터넷 : 화~목요일 14시~16시 사이 미팅 가능. 법인인 경우 예약시스템으로 신청 가능하나, 개인사업자라 가입 안 됨. 담당 엠디님과 전화나 이메일로 미팅 날짜 조율.

　검색해도 안 나오고, 챗GPT도 모르는 것들. 역시 선배에게 배우는 게 최고다.

12월 1일 금요일

리워드 선물과 랩핑한 『에디토리얼 씽킹』 드디어 물류에 입고되었다. 일정을 맞췄다.ㅠㅠㅠ

교보문고 H엠디님께 미팅 날짜 조율 메일을 드렸는데 답장에 『첫 책 만드는 법』을 잘 읽었다며, 내부에서도 올해의 책으로 꼽아주신 분들이 있다 하셨다.(진짜요?!) 그러면서 "많은 분들이 고요하게 응원하고 있다는 걸 알아주세요!"라는 큰 응원의 메시지. 리뷰들이 별로 없어서 아쉬웠는데, 그 마음이 싹 사라졌다. 고요하게 응원해주는 분들이 계시다. 책도, 터틀넥프레스도. 스튜디오 고민에서 터틀넥 산타를 만들어 보내주셨다. 너-무 귀엽다.

오늘은 일찍 잘 수 있을까 했지만, 결국 오전 3시 3분.

12월 4일 월요일

책발전소 광교 기획전 설치날. 터틀넥프레스 최초의 전시다. 수원까지 기차를 타고 갔는데, 잠깐 여행하는 기분이었다. (여행 가고 싶어.) 도면도 디테일하게 그리고, 시뮬레이션도 했지만 역시 변수는 생기더라. 근처에 사는 마틸님도 와서 도와줬다. 손 많이 가는 출판사, 터틀넥프레스. 우왕좌왕했지만 설치 중에도 몇몇 분이 책에 관심을 보이셔서 열심히 설명했다. 지방에서 책방 투어를 왔다는 분께 『오늘도 우리는 나선으로 걷는다』 영업 성공. 개시했다.

설치를 마치고 완성된 서가를 바라보는데 떠오르는 생각. 우리는 서로를 행복하게 해주기 위해 일하는 거 아닐까. 어쨌든 피적이 일어났다.

🗨 이후에도 피적은 불가능해 보이는 일을 할 때마다 힘이 되어준 단어. 그런데, 이제는 멀리해야 할 단어로 여기고 있다. 피적만 믿고 일단 시작하는 일들을 줄여가는 게 목표다.

12월 5일 화요일

알라딘 미팅 시간보다 일찍 도착해서 시립미술관 앞 벤치에 앉아 있었다. 숨 차게 달리다가 일시 정지 버튼을 누른 듯했다. 그러자 비로소 실감이 났다. 이렇게 덜컥 책 두 권이 더 출간되었다. 나는 이제 앞으로 어떻게 해나가야 하나.

저녁에는 최혜진 작가님 북토크. 작가님과 함께한 첫 번째 행사다.『우리 각자의 미술관』때는 팬데믹 시기여서 아무것도 할 수 없어 아쉬웠는데 소원 풀었다. 에디터 20주년 출간 책이니까 '최혜진 디너쇼'를 하자고 농담했었는데, 케이크와 초로 축하도 하고 작가님이 독자분들께 드릴 선물도 준비해주셔서 더 특별한 북토크였다. 작가님이 평생 기억할 순간이라고 하시는데, 나도 오늘이, 이 겨울이 평생 기억에 남을 것 같다.

마감 두 달 동안 너무 힘들었는데, 또 생각하고 만다. 책 만드는 일, 참 좋다.

12월 6일 수요일

　오늘의 동선. 최혜진 작가님과 김명수 대표님 점심식사 → 교보문고 인터넷(상암동) 예술 분야 H엠디님, 에세이 분야 L엠디님 미팅 → 교보문고 본사(파주) 예술 분야 J피엠님, 에세이 분야 H피엠님 미팅 → 귀가. 고되다⋯.

12월 7일 목요일

오늘의 동선. 아침 회의(서교동) → 딥블루레이크에서 선물할 커피 구입(망원) → 교보문고 합정점 예술, 에세이 엠디님 미팅(우리 책 아직 잘 있네) → 예스24 예술 분야 A엠디님, 에세이 분야 엠디님들 미팅 → 성원 애드피아 픽업(성수) → 인덱스숍 점장님 미팅 → 스튜디오 고민 → 귀가. 오늘도 고되다….

교보문고 H엠디님이 『에디토리얼 씽킹』 사은품 사은품 제안 주셨다. 선명한 오렌지색 머그에 영문 제목이 들어간 것으로. 어머, 세상에, 진짜, 최초의 서점 굿즈를 만들게 되는 건가.

『에디토리얼 씽킹』 알라딘 예술분야 주간베스트 1위.

12월 8일 금요일

"축하드립니다.『에디토리얼 씽킹』도서가 교보
문고 '오늘의 선택'으로 선정되었습니다. 노출 예정
일은 금요일부터 화요일까지이며 웹/모바일 웰컴
에서 노출됩니다."

ㅜㅜㅜㅜㅜㅜㅜㅜㅜㅜㅜㅜㅜㅜㅜㅜ

12월 9일 토요일

어제 30분 자고 바로 기차 탔다. 오전 10시 교보문고 대구점 방문. 예술 분야 L엠디님은 엉금이를 기억해주셨다. 에세이 분야 K엠디님과 첫 인사. '오들신(오늘 들어온 신간)'이라는 귀여운 코너에 『오늘도 우리는 나선으로 걷는다』가 놓였다. 바로 부산으로 이동해서 오후 4시부터는 마우스북페어에서 『첫 책 만드는 법』클래스 진행. 그사이『에디토리얼 씽킹』이 교보문고 실시간 순위 39위에 올랐다는 제보가 왔다. 왜… 왜죠? 인스타그램 팔로워 1000명이 되었다.

⟳ 제1회 마우스북페어에서 클래스를 진행하게 되어 부산에 갔던 주말. 새 책을 들고 오프라인 서점 미팅을 다녔다. 이때부터 지방에 갈 일이 있으면 근처 서점들에 꼭 들르는 동선을 만들었다.

12월 10일 일요일

교보문고 센텀시티 방문. 땀을 뻘뻘 흘리며 도착했더니(부산의 겨울은 따숩네) J대리님이 아아를 사주셨다. 책 소개하고, 서면 맛집 추천 받고, 또 길 잃을까 돌아가는 길을 다시 설명해주시는 대리님. ㅎㅎ 부산점에 갔더니 예술 분야 담당자였던 G엠디님은 대전으로 옮기셨단다. 이렇게 지점 이동이 생길 수도 있다고. 계속 다시 시작하는 기분이다. 새로 오신 S엠디님과 인사 나눔. 전체 담당하는 K대리님은 내일 출근이셔서 다시 오기로 함.

12월 11일 월요일

오전에 다시 부산점. 역시나 새로 오신 K대리님은 파주 구매팀 출신인데 고향이 부산이어서 돌아오셨다고 한다. 서울에 계실 땐 성산동에 살았다고. 선물로 가져간 망원동 딥블루레이크 커피를 보고 엄청 반가워하셨다. 떠나고 나면, 그게 어디든 고향이 되는 것 같다. 부산점에는 엠디님들이 읽고 추천하는 책 코너가 있는데, 읽고 한번 소개해보겠다고 하셨다. 『에디토리얼 씽킹』이 3일째 교보문고 예술 분야 1위를 유지하고 있다. 오늘 2쇄 발주도 했다. 기쁘면서도 두렵다. 내가 더 뭘 해야 할지. 뭘 할 수 있을지 모르겠을 땐 "지금 할 수 있는 일을 하나씩 해나간다"라고 주문을 외운다.

〰️ 주말 동안의 부산 일정을 기록한 사업일기 페이지에는 교보문고 엠디님들의 명함을 붙이고 그분에 대한 설명과 나눈 이야기. 에피소드를 적어두었다.

12월 13일 수요일

터틀넥프레스 책 3종 합산 판매 부수, 최고점을 찍은 날. 기쁘고 신나기보다 어리둥절했다. 들뜨지 말자. 들뜨지 말자. 오후에 당인리 책발전소 방문. 이미 책은 입고되어 있었다. 교보문고 광화문점으로 이동. 『에디토리얼 씽킹』이 딱 2권밖에 안 남았다. 엠디님께 좀 더 주문해주실 수 있을지 쭈뼛쭈뼛 부탁드렸더니, 타타닥닥 검색해보시곤 파주 창고에도 책이 없다 하신다. 그렇게 되면 지금 주문해도 3일 후에나 책이 도착한다고. 일단 내가 가진 책으로 내일 오픈하자마자 20부 직접 배송해드리기로 했다. 책이 없어 직접 배송이라니. 들뜨지 말자. 들뜨지 말자. 다음 미션은 에세이 분야 엠디님 만나기. 여러 차례 해봤는데도, 역시나 긴장된다. 너무 바빠 보이는 엠디님들을 붙들고 (마음은 쫄려하며) 책소개를 했는데, 잘 전달되었을까. 흑. 일단 매대에 책이 놓인 것 확인하고 왔다.

12월 14일 목요일

오전 7시 30분 광화문점으로 출발. 책 20권을 들고 집을 나섰는데, 하나도 무겁지 않았다. 첫 직배다, 직배! 셔터가 올라가는 교보문고에 당당히 입장. 매대에 책을 쌓아놓으니, 곳간 채운 것처럼 든든했다. 대구점 L엠디님의 메시지. 『에디토리얼 씽킹』을 POP와 진열해놓으셨다고. 내가 보지 못하는 곳에서도, 누군가 호의를 가지고 도와주고 있다. 힘을 내자.

저녁에 『오늘도 우리는 나선으로 걷는다』 땡스북스 북토크. 겨울에 장맛비 같은 폭우가 쏟아졌다. 많이들 안 오시면 어쩌나 걱정했는데, 다들 와주셨다.ㅠㅠㅠ 한수희 작가님과 오랜만에 함께한 행사였다. 독자분들이 새 책을 기다린다고 많이 말씀해주셔서 감사했다. 저도 기다리고 있거든요.

12월 15일 금요일

아침부터 비상이었다. 『에디토리얼 씽킹』 재고가 80부밖에 남지 않았는데, 100부 주문이 들어왔다. 2쇄는 다음주 초에나 입고된다 했는데. 큰일이다. 성경선배에게 여쭈니 사정 이야기하고, 80부 먼저 내보내라고. 책이 없어 못 내보내다니, 행복해야 하는 거 맞지?

교보문고 강남점 오픈하자마자 방문. 예술 분야 주간베스트 1위에 에씽이가 놓여 있다. 감동.ㅜㅜ ㅜ 에세이 분야 엠디님을 만나 씩씩하게 인사드렸지만… 데뷔는 어렵다.

최혜진 작가님과 한명수CCO님과 점심 식사하고 커피를 마시던 중 알라딘 '편집장의 선택'에 선정되었다는 메일을 받았다. 혼자 있었으면 꺅꺅 소리 질렀을 텐데. 2관왕이라니 놀랍다.

교보문고 잠실점 방문. 책이 좋은 위치에 놓여 있다. 예술 분야 C엠디님께 감사 인사드렸더니, 좋은 책 내주셔서 감사하다고 도리어 인사를 건네신다. 파트장님도 소개해주셨다. 파트장님이 "앞으로 예술 분야 책 많이 내주세요" 하시는데, 의지가 활활. 제가 계속 만들어보겠습니다!

12월 16일 토요일

『에디토리얼 씽킹』 교보 잠실점 재고가 어젯밤부터 0이었다. 오전에는 채워지지 않을까 싶어 계속 지켜봤는데, 여전히 0. 담당자님께 전화해서 여쭤보니, 주문했는데 아무래도 오늘 못 들어올 것 같다고. 혹시 직배 가능하냐 하셔서 달려가겠다 했다. 로켓지하철배송이다.

오후 늦게 합정점 J차장님의 전화. 반나절 사이 재고가 다 빠졌다고 한다. 직배 가능하냐 하시는데, 내가 가지고 있는 책도 없고 방법은 창고에서 가져오는 것밖에 없다. 물류 대표님께 눈물을 가득 찍어 통화 가능하신지 여쭈었더니 바로 전화를 주셨다. 대표님께 여차저차 말씀드리니 대수롭지 않게 "제가 내일 아침 창고 열어서 퀵으로 보내드릴게요!" 하신다. 휴대폰을 두 손으로 잡고 고개를 꾸벅꾸벅하며 감사인사를 드렸다.ㅠㅠㅠ

🗨 교보문고 재고를 아는 방법은 간단하다. 온라인이나

앱에서 책의 서지정보 아래 [매장 재고, 위치]를 누르면 전국 지점별 재고가 보인다. 완벽한 실시간 반영은 아니어서 틀릴 수 있지만, 파악하는 데에는 무리가 없다.

12월 17일 일요일

왜 하필 오늘 같은 날 한파가 오는가. 뉴스가 올해 가장 추운 날이라며 크게 떠들어댄다. 이런 날, 물류 대표님이 혼자 창고에 가셔서 퀵으로 책을 보내주셨다. 큰 은혜 잊지 않겠습니다.

💬이렇게까지 재고를 채워넣으려 했던 것은, 베스트셀러 순위를 유지하기 위해서였다. 판매 흐름이 끊이지 않도록. 아무런 광고 없이 입소문으로만으로 분야 종합 베스트 1위를 했고, 이때부터는 어떻게든 최대한 유지하도록 내가 할 수 있는 일을 다 했다.

12월 18일 월요일

최초로 한 서점에서 2종 주문이 들어왔다. 이럴 때 전체 주문 부수로 매절 여부를 따지는지, 아니면 종별로 해야 하는지 모르겠다. 근데 이거, 답은 모르겠는데, 왕초보의 질문일 거라는 것만은 알겠다. 아침부터 성경선배와 민영 팀장님께 연락해 여쭤봤다. 정답은, 매절 부수는 타이틀별로 따질 것! 역시나 왕초보의 질문이었다. 배워도 배워도 모르는 게 계속 나온다.

오후에는 『에디토리얼 씽킹』이 알라딘 실시간 검색어 1위에 올랐다. 왜… 왜지? 들뜨지 마, 들뜨지 마. 마음을 가라앉히고 서점들에 전화를 걸었다. 영등포점, 판교점, 일산점, 울산점, 은평점, 광교점, 목동점 통화 완료. "베스트셀러입니다! 좀 더 입고 부탁드릴게요!" 발가락에 힘 꽉 주고 용기 내어 말씀드렸다. 내가 할 수 있는 일을 꾸준히, 한다.

12월 19일 화요일

문득 금오도에서 돌아오던 날부터 오늘까지 어떻게 헤쳐왔나 싶다. 결과도 좋다. 『에디토리얼 씽킹』은 오늘로 2쇄를 거의 소진했다. 최혜진 작가님과 매일 기쁜 소식들을 주고 받으며 메시지 창에 눈물을 여러 개 찍는다. 좋은 일이 있어도 바로 공유할 사람이 없을 때 쓸쓸했는데, 작가님과 실시간으로 기쁨을 나눈다. 외롭지 않아! 신나! 내가 잘해서가 아니라 많은 사람이 힘써준 마음이 모이고 모인 덕분이라는 걸 기억하자. 작가님, 책을 읽고 리뷰를 써준 사람들, 도움을 준 사람들.

『오늘도 우리는 나선으로 걷는다』광화문, 잠실 재고가 줄어서 전화드렸다.

12월 20일 수요일

미팅 있어 나갔다가 교보문고 합정점 들렀다. 특히나 험난한 에세이 분야. 『오늘도 우리는 나선으로 걷는다』가 진열 서가에 얼굴(표지)을 보이며 앉아 있다. 담당자님이 비교적 비용이 접근 가능한(!) 광고매대를 제안해주셔서 해보기로 했다. 에세이 분야 최초의 오프라인 광고다. 서가의 한 줄을 좌악 깔아보기로.

매주 칼마감으로 장은교 작가님의 원고가 들어오고 있다. 차곡차곡 쌓인다. 네 번째 책도 만들 수 있다. 원고도 있고 제작비도 있다. 더 바랄 게 없다.

12월 21일 목요일

책이 많이 출고된 날은 기쁘면서도 두렵다. 곧 하향 곡선을 그리고 주문이 없는 날도 있을 텐데.

근데 이건 마치 여행 중에 집에 돌아가 일상에 복귀했을 때를 걱정하는 것과 같잖아. 그러면 여행을 못 즐긴다. 그보단 이제 나는 또 책을 위해 무슨 일을 할 수 있나 생각해보자. 죽기 직전에 책의 부수나 순위는 떠오르지도 않을 거다. 하지만 내가 이런 시도들을 하고 변화를 경험했던 그때가 '즐거웠다'는 기억은 오래오래 남을 테니까. 오늘도 내가 할 수 있는 일을 하자. 오늘은 교보문고 강남점에 다녀왔다.

최혜진, 한수희 작가님 인세 정산 완료. 두 분 인세를 내가 정산해서 보내드리는 거, 뿌듯하다. 더 더 많이 드리고 싶다.

점심 때쯤 교보문고 이북 담당자님 연락이 왔다. 이북 만들 계획이 있냐고, 고객들 요청이 있었다고 하셨다. (죄송합니다. 제가 혼자 일하느라 너무 바빠서.) 이참에 전자책 제작을 하기로 결심했다. 문 팀장님이 추천해주셨던 이북업체에 바로 메일 넣었다.

12월 22일 금요일

병원에 갔다가 교보문고 은평점 방문. 담당자님이 안 계셔서 긴 편지를 남기고 왔다.

MBC라디오 북클럽 녹음 전에 장수연×최혜진 작가님과 점심. 꾸준히 운동하는 두 분 사이에 앉아 근육의 중요성을 주입받았다.

💬 이날 두 분의 가르침이 컸다. 한 해 동안 쓴 병원비, 병원에서 보낸 시간을 계산해보니 PT를 받는 게 돈과 시간도 아끼고 무엇보다 삶의 질을 높이는 거였다. 2024년 1월부터 당장 운동을 시작했고, 여전히 지속하고 있다. 느리게, 느리게, 좋아지고 있다.

12월 23일 토요일

스튜디오 고민님들이 추천해준 다큐 <책 종이 가위>를 보았다. 일본의 북디자이너 기쿠치 노부요시의 작업 과정, 철학을 담은 다큐. 자기 일에 진심인 사람의 이야기는 늘 설렌다. 찾아보니 이 디자이너님 나이가 75세라고. 놀랍다.

"'코시라에루'야 말로 디자인에 가장 걸맞는 일본어야. 설계가 아니라, 차리는 거잖아. 누군가를 위해 하는 행위니까. 만드는 건 내가 하지만, 타인 없이는 성립이 안 돼. '밥 차려줄게'란 말에 이미 타인이 있는 거지. 디자인도 타인을 위한 거야."

다큐멘터리 〈책 종이 가위〉

대한항공 마일리지가 곧 소멸된다 해서 갑자기 후쿠오카 비행기를 예약했다. 내년 봄이 올까.

12월 26일 화요일

합정 교보문고 들러 『오늘도 우리는 나선으로 걷는다』 광고 서가 POP사이즈 확인하고 우리 책들 사이에 심벌 스티커를 하나씩 넣어두고 왔다. 책 구입한 분들에게 작은 선물이 되지 않을까 싶어서. 땡스북스에 직배했다. 교보문고 부산점 K대리님이 책을 읽으신 후 추천글을 전시했다고 메시지를 주셨다. 잊지 않고 해주시다니.

12월 27일 수요일

내가 걷고 있는 게 아니라, 등 뒤의 바람에 밀려가고 있는 기분이다.

🍥 우연과 따뜻한 바람 같은 호의로 '일'과 '일'이 연결되고, 출간한 책 모두 좋은 결과를 얻었다. 특히 『에디토리얼 씽킹』은 치밀하게 전략을 세웠어도 이렇게 전략적일 수 있었을까 싶을 만큼 모든 일이 딱딱 맞아떨어졌다.

12월 28일 목요일

　채널예스 책읽아웃 녹음날. '오은의 옹기종기' 코너에서 『에디토리얼 씽킹』 만든 이야기를 나누었다. 불현듯님(오은 시인), 캘리님(신연선 기자)의 호흡은 이미 알고 있었지만 직접 보니 감탄밖에 안 나왔다. 어떻게 끝났는지 모를 녹음이었지만, 걱정이 하나도 안 됨. 두 분이 이미 다 했어….

+ <책읽아웃> 인터뷰

12월 29일 금요일

한수희 작가님과 뉴스레터 발송 일정을 공유했다. 2024년 첫 프로젝트는 뉴스레터다.

스고님들이 '터틀넥 NEW YEAR 프로필'을 보내주셨다. 용왕님께 새해 인사를 올리러 용궁에 가기 위해 갓을 쓴 걸로 설정하신 거라고.

12월 30일 토요일

큰 눈이 내렸다. 이시우 씨와 올해 회고를 했다.

12월 31일 일요일

올해의 마지막 업무는 합정 교보에 POP 전달.

은희 리스트에 적힌 51명께 모두 다른 내용의 감사 메시지를 전했다. 내년엔 미리 조금씩 써두자.

걷잡을 수 없는 속도로 한 해를 지나보내고 덩그러니 놓여 있는 기분이다. 장례식장에서 시작한 한 해였다. 출판사 등록도 안 된 상태에서 시작한 한 해이기도 했다. 1년간 책 세 권을 출간하고, 엄마 집에서 따순 밥 먹으며 거실에 대자로 누워 보낸다. 인생은 흥미진진하다. 내년 12월 31일에는 어떤 경험을 한 사람으로 살고 있을까.

4TH QUARTER

TURTLENECK

EPILOGUE

프롤로그에서 말씀드린 것처럼『터틀넥프레스 사업일기』는 매년 출간하는 것을 목표로 하고 있습니다. 이렇게 기록을 쌓아가야겠다고 생각하게 된 데는 두 가지 계기가 있었는데요.

하나는, 출판사를 시작하겠다고 마음먹었을 때 선물 받은 책 한 권 때문이었습니다. 일기에도 자주 등장했던 민선배님이 저와 매우 비슷해 보이는 사람이 사업을 시작하고, 좌충우돌하면서도 결국은 자기답게 성장한 이야기를 담은 책이라며『행복을 파는 브랜드, 오롤리데이』(박신후 지음)를 선물해주셨습니다. 작가가 실수와 실패에 대한 이야기도 아주 솔직하게 담았는데, 그걸 교훈으로 삼으면 같은 실수는 피할 수 있지 않을까요,라고 하시면서요.

가장 오랜 기간 함께 일해온 선배님이 그렇게 말씀하시니 일단 믿고 읽기 시작했습니다. 그리고 얼마 가지 않아 이 책을 저의 사업 교본으로 삼았습니다. 결정하기 어려운 선택들 앞에서, 이 책이 공유해준 실수와 실패의 경험들 덕분에 마음을 붙잡고 맑은 눈으로 결정할 수 있었어요. 누군가 공유해준 경험담이 혼자 길을 헤쳐나갈 때 얼마나 큰 힌트가 되어주는지 알게 되었습니다. 도움받은 만큼 저도 나누고 싶었습니다. 사업일기를 이렇게 솔직하게 쓰게 된 건 그 덕분이었습니다.

또 한 가지 계기는, 대만의 독립서점 '청경우독'이었습니다. 우연히 본 다큐멘터리에서 이 서점을 알게 되었습니다. "날이 맑으면 논밭을 갈고, 비가 오면 글을 읽는다"는 의미의 서점 이름도 인상적이었지만, 한 해 동안 서점에서 있었던 일을 묶어 매년 책을 출간한다는 이야기에 확 꽂혔습니다. 말 그대로 '확' 꽂혀버려서 그 뒤로 다큐멘터리 내용은 전혀 기억이 안 납니다. 이미 머릿속에서 사업일기를 기획하고 일정까지 잡고 있었거든요.

터틀넥프레스가 존재하는 한 이 기록을 꾸준히 묶으려고 합니다. 그러려면 일단 터틀넥프레스가 존재해야 하고, 이 이야기를 궁금해하는 분들이 계셔야 가능하더라고요. 『터틀넥프레스 사업일기』를 매년 출간하겠다는 다짐은 출간 이상의 의미를 가지게 되었습니다. 꼭 해낼게요. 지켜봐주세요.

이렇게 짐짓 씩씩한 척 책을 마무리하고 있지만, 이 책의 띠지 카피를 쓰며 '창업기'라는 단어 앞에서 또 머뭇거리고 말았습니다. 아직도, 여전히 창업, 사업이라는 단어와 낯가림 중이었네요. 언제쯤 익숙해질지 모르겠습니다. 내년에는 가능할까요.

'사업일기'를 쓰는 노트 맨 뒤쪽에는 '은회 리스트'라는 특별한 페이지가 있습니다. '은회'는 '은혜 갚을 회'의 준말로 터틀넥프레스의 시작부터 지금까지 도움 주신 분들의 이름을 빼곡하게 적어둔 리스트입니다. 그분들이 건네주신 마음을 오래 기억하고 언젠가 꼭 은혜를 갚고 싶어서요.

　터틀넥프레스라는 브랜드를 시작할 수 있었던 건 수많은 호의와 도움, 응원 덕분이었다는 것, 잊지 않겠습니다. 작가님, 동료들, 터틀넥프레스가 존재할 수 있도록 힘과 무한한 응원을 건네주는 다정한 거북목 멤버님들, 늘 기억하겠습니다.

　그리고, 계속 엉금엉금 만들어가겠습니다.
김이 감사합니다.

깊이 감사합니다.

김보희 드림

TURTLENECK

But it's OK!

TURTLENECK PRESS

터틀넥프레스

터틀넥프레스가 엉금엉금 걸어온 길
2023년 2월~2024년 12월

2023년

2월 9일. 출판사 등록

6월 28일. 『기획하는 일, 만드는 일』 출간

7월 24일. 엉금이 입사

7월 26일. 대구, 부산 출장

8월 8일. 『기획하는 일, 만드는 일』 첫 북토크 @땡스북스

8월 14일. SIDE '잘 되는 콘텐츠는 누가, 어떻게 만든 거지?' with 장수연

8월 15일. 뉴스레터 〈보름유유〉 인터뷰 with 김보희

8월 20일. 『기획하는 일, 만드는 일』 2쇄 발행

8월 22일. SIDE '16년 차 라디오PD가 걸어온 성장의 시간들' with 장수연

9월 5일. 『기획하는 일, 만드는 일』 북토크 @인덱스숍(서울)

9월 12일. 융니버스 'EP.11 왜 내 1년을 회사가 결정하지?' with 김보희

9월 21일. 『기획하는 일, 만드는 일』 강의 @한겨레 미디어아카데미(서울)

9월 24일. 『기획하는 일, 만드는 일』 북토크 @마을상점생활관(안산)

10월 30일. 『에디토리얼 씽킹』 알라딘 펀딩 시작

11월 26일. 알라딘 펀딩 목표액 547% 달성 마감

11월 30일. 『에디토리얼 씽킹』, 『오늘도 우리는 나선으로 걷는다』 출간

12월 4일. 책발전소 광고 '터틀넥프레스 기획전' 오픈

12월 5일. 『에디토리얼 씽킹』 북토크 @땡스북스(서울)

12월 11일. 『에디토리얼 씽킹』 교보문고 '오늘의 선택' 선정

12월 14일. 『오늘도 우리는 나선으로 걷는다』 북토크 @땡스북스(서울)

12월 18일. 『에디토리얼 씽킹』 알라딘 '편집장의 선택' 선정

TURTLENECK BEGINS

TURTLENECK

2024년

1월 2일. 책읽아웃 〈오은의 옹기종기〉 '책 읽다 거북목 된 사람 여기 모이세요' with 김보희

1월 4일. 『에디토리얼 씽킹』 북토크 @종이잡지클럽(서울)

1월 18일. 뉴스레터 〈거북목편지〉 0호 발행

1월 18일. 교보문고 유튜브 〈써드림 첨삭소〉 1편 공개 with 최혜진

1월 25일. 〈거북목편지〉 한수희 작가님의 '생활과 생각' 연재 시작

1월 26일. 요즘사 팟캐스트 '불안감이 덮칠 때 다시 시작하는 방법' with 김보희

1월 30일. 최초의 굿즈 '에디토리얼 씽킹 머그잔' 제작 with 교보문고

1월 31일. 교보문고 유튜브 〈써드림 첨삭소〉 2편 공개 with 최혜진

2월 9일. 터틀넥프레스 1주년

3월 6일. 『에디토리얼 씽킹』 북토크 @선유도서관(서울)

3월 16일. 『에디토리얼 씽킹』 북토크 @SOES(서울)

3월 30일. 인스타 라이브 첫 방송 with 한수희, 김보희

4월 17일. 『기획하는 일, 만드는 일』, 『에디토리얼 씽킹』 전자책 출간(교보문고)

5월 2일. 장수연, 최혜진 작가 합동 북토크 @잘익은언어들(전주)

5월 24일. 최초의 종합소득세 납부

6월 23일. 한국출판인회의 준회원 가입

7월 1일. 『인터뷰하는 법』 출간

7월 16일. 대구, 진주, 창원, 부산 출장

7월 18일. 『인터뷰하는 법』 북토크 @땡스북스(서울)

7월 23일. 『인터뷰하는 법』 예스24 '오늘의 책' 선정

7월 31일. 정동진 이스트씨네 팝업 참가

8월 7일. 예스24 '대장금' 인터뷰 with 김보희

8월 10일. 『인터뷰하는 법』 북토크 @패치워크(동인천)

8월 27일. 요즘사 팟캐스트 '인터뷰 콘텐츠는 이렇게 만들어집니다' with 장은교

8월 28일. 『인터뷰하는 법』 북토크 @HFK(서울)

8월 30일. 『인터뷰하는 법』 북토크 @진주문고(진주)

9월 1일. 『인터뷰하는 법』 북토크 @버찌책방(대전)

9월 3일. 거북목 기획단 아이디어 회의

9월 10일. 『인터뷰하는 법』 북토크 @삼일문고(구미)

9월 27일. 〈나와의 인터뷰〉 워크숍 시작

9월 28일. 『인터뷰하는 법』 북토크 @오케이 슬로울리(대전)

10월 12일. 『인터뷰하는 법』 워크숍 @맥파이앤타이거 신사티룸

10월 16일. 땡스북스에서 브랜드전 〈우리는 왜 거북목이 되었을까?〉 오픈

10월 27일. 패치워크 옥탑마켓 참여

10월 30일. 『에디토리얼 씽킹』 20쇄 발행

11월 6일. 알라딘 '올해의 책' 후보 『에디토리얼 씽킹』

11월 8일. 예스24 '올해의 책' 후보 『인터뷰하는 법』

11월 15일. 『인터뷰하는 법』 북토크 @서울도서관(서울)

11월 17일. 땡스북스 도슨트의 날

11월 29일. 제2회 마우스북페어 클래스 with 한수희, 김보희

12월 3일. 교보문고 출판어워즈 '내일이 기대되는 출판사' 수상

12월 31일. 〈시사IN〉 선정 올해의 루키출판사

TURTLENECK BEGINS

But it's OK!

터틀넥프레스의 책들

기획하는 일, 만드는 일
장수연 지음, 344쪽, 19,000원

터틀넥프레스의 첫 책입니다. 트렌드를 만들고, 세상의
주목을 받은 영상콘텐츠를 기획하고 만든 PD와 작가들의
인터뷰집입니다. 터틀넥프레스는 '함께 배우고 싶은' 것을
책으로 펴내는데요. 이 책에는 앞으로 터틀넥프레스가
가고자 하는 방향이 모두 담겨 있어요. 기획, 만들다
(창조), 일, 이라는 키워드가 우선 그렇고요. 인터뷰이들의
'경험'과 '노하우'뿐 아니라, 그들의 '태도' 또한 배울 수
있다는 점도 그렇습니다. 터틀넥프레스의 출사표 같은
책이어요.

오늘도 우리는 나선으로 걷는다
한수희 지음, 272쪽, 18,000원

터틀넥프레스가 전하고픈 태도, 생각, 마음가짐이 담긴
책입니다. 이 책은 개정판도 아니고, 심지어
'재개정판'인데요. 이전에 다른 출판사에서 출간되었던
개정판을 터틀넥프레스에서 다시 펴냈습니다. 출판에서
이런 경우는 매우 드물어요. 꼭 지켜야 할 소중한
책이라는 의미이지요. 많은 '에세이' 독자가 인생 책으로
꼽는 한수희 작가님의 책입니다.

BOOKS

But it's OK!

터틀넥프레스의 책들

에디토리얼 씽킹
최혜진 지음, 224쪽, 20,000원

터틀넥프레스를 독자분들에게 널리 알려준 책입니다.
최혜진 작가님이 20년간 에디터로 일하며 쌓은 노하우와
경험, 그리고 자신의 업에 대한 태도를 담았는데요.
각 서점의 장수 베스트셀러로 여전히 사랑받고 있습니다.
이 책이 베스트셀러가 된 건 독자분들의 입소문
덕이었어요. 터틀넥프레스는 1인 출판사이지만, 전국
곳곳의 동료들과 함께 만들어가고 있다는 걸 절감하게
해준 책이기도 합니다.

인터뷰하는 법
장은교 지음, 336쪽, 19,000원

터틀넥프레스의 네 번째 책입니다. 19년간 기자로서
인터뷰어로서 인터뷰를 해온 장은교 작가가 인터뷰
노하우와 태도를 담은 책이에요. 터틀넥프레스의 책에는
일관된 '태도'가 담겨 있다는 말씀들을 해주시는데요.
이 책 또한 타인을 대하는 태도는 물론 나 자신을 대하는
태도에 대해 생각하게 합니다. 터틀넥프레스 사상 가장
많은 행사를 진행한 책이기도 해요. 덕분에 전국의 많은
거북목 독자분들을 만났습니다.

TURTLENECK BEGINS

터틀넥프레스
사업일기BEGINS

2025년 1월 31일 초판 1쇄 발행

지은이   김보희
펴낸이   김보희
펴낸곳   터틀넥프레스
등록   제2023-000022호(2023년 2월 9일)
주소   서울시 영등포구 도영로2-5 101-204

홈페이지   turtleneckpress.com
전자우편   hello@turtleneckpress.com
인스타그램   instagram.com/turtleneck_press
뉴스레터 〈거북목편지〉 turtleneckpress.stibee.com

디자인   스튜디오 고민
제작   세걸음
물류   우진물류